역사를 만든
최고의
짝

역사를 만든 최고의 짝

김형민 지음

김춘추 ✱ 김유신의 서라벌에서
유호 ✱ 박시춘의 <럭키 서울>까지

다른

차례

머리말 **6**

삼국 통일을 이끈 신라의 두 아웃사이더 **김춘추 ✖ 김유신** **11**
승부수를 띄우다 | 함께 갑시다 | 통일 신라의 두 기둥

'고려 괴물'을 알아본 명장의 눈 **윤관 ✖ 척준경** **31**
감옥 안의 용병 | 목숨을 걸고 은혜를 갚다 | 아버지처럼, 아들처럼 | 나를 알아주는 사람

여진인 퉁두란, 조선의 개국 공신이 된 사연 **이성계 ✖ 이지란** **51**
의형제가 된 두 신궁 | 황산 대첩 | 형을 타이르는 아우

한겨울에도 시들지 않는 소나무와 잣나무처럼 **김정희 ✖ 이상적** **69**
유배당한 조선의 천재 | 시절의 파도를 넘어 | 걸작이 된 우정 |
〈세한도〉에 더해진 마음들

의사를 꿈꾼 조선 소녀의 영원한 동반자 **김점동 ✖ 박유산** **89**
이화학당의 네 번째 배꽃 | 조선 소녀, 벽을 뛰어넘다 |
빛이 되어 준 사람, 영원히 빛나는 부부

이완용 척살에 청춘을 건 두 동지 **이재명 ✶ 이동수** **107**
목숨을 건 결의 | 기회는 이재명에게 | 약속의 무게

42.195킬로미터를 달려 역사의 중심으로 **손기정 ✶ 남승룡** **125**
남다른 승부욕 | 올림픽 무대를 향하여 | 다시, 함께 일군 기적

윤동주의 꿈을 실현시킨 친구들 **윤동주 ✶ 세 벗** **147**
송몽규, 삶과 죽음을 함께한 형제 | 정병욱, 윤동주의 이름 석 자를 지켜 낸 친구 |
문익환, 동주 없는 세상에서 십자가를 짊어진 사나이

노래가 된 역사, 역사가 된 노래 **유호 ✶ 박시춘** **173**
희망이 솟는 서울에서 | 인민군도 함께 부른 노래 | 전쟁이 끝나고

교과 연계 **194**
찾아보기 **196**

'사람 인人'의 원형은 중국 은나라 시대 갑골문에 등장한다. 왼쪽으로 팔을 내밀고 허리 굽힌 사람을 옆에서 보고 묘사한 상형 문자다. 하지만 후대 사람들은 사람 인 자를 두고 또 다른 해석을 만들었다. '두 사람이 서로 기댄 모양이며, 사람은 누군가를 의지하지 않고서는 쓰러지는 존재'라는 것이다. 꿈보다 해몽이라고, 나는 두 번째 해석에 더 마음이 간다. 누군가에게 기댈 수 있고 또 등을 내줄 수 있어야 사람이라는 말, 얼마나 그럴듯한가.

혼자 살 수 있는 사람은 없다. 물론 나 홀로 생활을 즐기는 사람도 있겠지만 다른 누군가와 관계를 맺지 않고서는 생존할 수 없는 세상이다. 그 속에서 사람은 자신과 마음이 맞는 사람을 찾아 헤맨다. 친한 친구든 평생을 함께하는 배우자든 동업자든 가르침을 주고받는 사제 지간이든 누군가와 '짝'이 되어 함께 세상과 마주한다.

역사라는 장대한 물줄기는 결국 보잘것없는 물방울에 지나지 않는 개개인 일상의 총합이다. 그 흐름 속에 오래도록 기억될 짝들이 있다. 개인의 역량도 뛰어났으나 함께였기에 더 빛났던 사람들. 서로를 알아보고, 서로의 빈 곳을 채워 주고, 앞에서 끌어 주고, 힘겨워할 때 손을 잡아 주면서 역사의 한 페이지를 써 나갔던 이들. 그래서 마침내 서로 기대고 선 모양의 사람人들이 역사를 일군 경우는 제법 많다. 우리는 그들을 각각의 위인으로 기억하는 데 익숙할 뿐 어떻게 호흡을 맞추고, 얼마나 멋지게 어우러졌으며, 그들의 어깨동무가 어떤 의미였는지를 잘 기억하지 못한다. 한 사람의 업적을 조명하느라 남은 한 사람을 시커먼 망각의 늪으로 빠뜨릴 때도 있다.

중국 제나라 재상이었던 관중과 그의 사람됨을 알아봤던 포숙아의 우정을 '관포지교管鮑之交'라 한다. 관중은 "나를 낳은 것은 부모지만 나를 알아준 것은 포숙아다"라는 고백으로 포숙아에 대한 고마움을 절절하게 표현했다. 유비는 곤경에 처하여 천하를 떠돌던 중 제갈량을 만나 새로운 꿈을 꾸게 된다. 그는 자신과 제갈량의 만남을 '물과 물고기의 만남', 즉 '수어지교水魚之交'라 일컬었다. 또 조나라의 재상 인상여와 장군 염파는 한때 사이가 나빴지만 인상여의 도량에 감격한 염파가 사죄하면서 절친한 친구가 된다. 이들은 죽음까지 함께할 만큼 깊게 사귀었다 하여 '문경지교刎頸之交'라고 불린다.

어찌 이런 사귐이 중국에만 있었겠는가. 이 책은 우리 역사 속을 누비며 서로를 아로새겼던 짝들을 소개한다. 관포지교보다 두텁고 수어지교보다 절실하며 문경지교가 무색할 만큼 서로 굳게 맺어졌던 사람들의 이야기를 말이다.

사람들은 가끔, 아니 자주 자신을 알아주는 사람이 없다며 한탄한다. 그러나 누군가가 자신을 알아주기를 기대한다면 내가 누군가를 알아볼 안목부터 갖춰야 한다. 나를 끌어 줄 누군가가 없어 아쉽다면 나에게 누군가를 끌어 주겠다는 의지가 있는지 먼저 돌아보아야 한다. 나를 위해 모든 것을 걸어 줄 친구가 없어 아쉽다면 내가 그를 위해 얼마나 많은 것을 걸 수 있는지를 가늠해 보면 좋겠다. 이

역사를 만든 최고의 짝

책에 소개된 단짝들이 그랬듯이.

　미욱한 글재주로는 감당하기 어려웠을 우리 역사 속 짝들의 사연을 찾아 더듬고 재구성할 수 있었던 것은 전적으로 도서출판 다른의 김한청 대표님 이하 직원 여러분의 훌륭한 기획과 꼼꼼한 수고 덕분이다. 머리 조아려 감사 인사를 전한다. 아울러 여러모로 부족한 나를 항상 북돋아 주고, 채워 주고, 기댈 언덕이 돼 주는 나의 짝, 사랑하는 아내와 아이들에게도 머리를 숙이고 두 손을 모은다. 또한 봐 줄 것 없는 사람과 함께 술 먹어 주고, 시답잖은 대화도 기꺼이 응해 주며, 아쉬울 때 달려와 주고, 힘들 때 어깨 두드려 주는 친구들에게도 고마움을 전한다. 당신들이 있기에 내가 있다.

2019년 3월

김형민

삼국 통일을 이끈
신라의 두 아웃사이더
김춘추 ✖ 김유신

김춘추

金春秋, 604~661년

신라 제29대 왕 태종 무열왕, 진골 출신의 첫 임금.
뛰어난 외교 능력으로 당나라와 동맹을 맺어 백제를
멸망시키고 삼국 통일의 기반을 마련했다.

김유신

金庾信, 595~673년

신라의 무신, 정치가. 멸망한 금관가야 왕족의 후손.
당나라 군대와 연합해 백제를 멸망시켰고, 김춘추의
아들이자 자신의 외조카인 문무왕을 도와 고구려
정벌에도 앞장섰다.

통일 신라의 출현은 우리 역사의 중대한 변환점이었다. 한반도 주민들이 비로소 한 나라의 백성으로 살아가게 되었고 이후 역사 속에서 일체감을 쌓아 나갈 수 있게 된 것이다. 이 삼국 통일의 위업에 가장 큰 공을 세운 이는 단연 김춘추와 김유신이다. 김춘추의 치세 아래 신라는 당나라와 손잡고 백제를 멸망시켰으며 김유신의 외조카 문무왕은 당나라와 함께 고구려의 깃발을 역사의 무대에서 뽑아 버렸다. 이에 대해 외세와 손잡고 동족을 멸한 민족 반역자의 폭거라는 비난부터 만주 땅을 잃은 아쉬움까지, 여러 의견이 있을 수 있겠다.

그러나 당시를 살아가던 이들에게는 '겨레'나 '민족' 같은 후대 사람들의 개념들보다도 각자의 '생존'이 우선이었다. 삼국의 지배층에게 나라의 흥망은 자신들의 안위와 직결된 문제였기에 승리를 위해 무슨 방법이든 마다하지 않는 것이 고대 정복 국가의 일상이었다. 그 각축의 승리자가 신라였던 것이다. 군사적, 문화적으로 고구려와 백제보다 뒤떨어졌던 신라가 삼국 통일을 이루도록 만든 한국사의 두 영걸, 김춘추와 김유신은 어떻게 협조하고 손발을 맞췄는지 그들의 이야기 속으로 들어가 보자.

승부수를 띄우다

629년(진평왕 51년), 고구려 낭비성을 치기 위해 성 앞에 도착한 신라군은 경악했다. 성벽을 기어오르는 데 필요한 사다리며 공성 기계까지 든든히 준비해 왔는데 이게 웬걸, 고구려군이 아예 성문 밖으로 나와 진을 치고 있었던 것이다. 신라군도 질세라 고함을 질러 댔지만 그 끄트머리가 날카롭지 못했다. 피로에 두려움까지 더해져 신라군은 전의를 상실한 듯 보였다.

"눌지 마립간 때 일이다. 마립간의 명령 한마디에 우리 서라벌에서 온갖 잘난 체하던 고구려군의 목이 모두 달아났었느니라."

무거운 침묵에 휩싸인 신라군 진영에서 나이 지긋한 장수가 입을 열었다. 왜의 공격을 견디다 못한 내물왕이 고구려 광개토왕에게 원병을 청했고, 이후로 고구려군은 신라의 수도 서라벌에 주둔해 상전 노릇을 했다. 장수는 속국 노릇을 끊었던 눌지왕 때의 일을 상기시켜 병사들의 사기를 북돋우려는 생각이었다.

"마립간이 말씀하셨지. '수탉들을 죽여라.' 저기 저 고구려 진영에 삼족오 깃발이 보이느냐. 수탉들이란 저 삼족오를 말하는 것이었다. 우리 신라군이 총출동해 서라벌 곳곳에서 거들먹거리던 고구려 놈들의 목을 쳤다. 보기에만 그럴듯하지 막상 칼 섞고 보면 아무것도 아닌 닭대가리들이었다. 저놈들도 그렇다."

장수의 언변이 구수해 듣는 사람들의 귀를 하나로 모으긴 했지만 사기를 끌어올리기에는 역부족이었다. 아무리 봐도 눈앞의 고구려군은 결코 '닭대가리'가 아니었다.

신라군 지휘부도 이 낌새를 눈치챘다. 어떻게든 고구려군을 흔들고 신라군의 사기를 높일 필요가 있었다. 신라군은 정예병을 추려 고구려군에게 싸움을 걸었다. 그러나 되레 고구려군의 함정에 빠져 출동 병력의 반 이상을 잃고 말았다. 포위망에 갇힌 정예병들의 비명이 귀를 찔렀으나 손쓸 방도가 없었다.

대기 중이던 신라 병사들의 얼굴이 납빛으로 변했다. 기세가 이토록 허약하다면 결과는 뻔했다. 신라군 지휘부의 고민이 깊어 갔다. 특히 대장군 김용춘은 자다가도 벌떡 일어날 지경이었다. 낭비성을 함락하지 못하고 돌아가는 일은 상상하기도 싫었다. 왕의 성난 얼굴도 얼굴이거니와 가장 듣기 싫은 비난이 소나기처럼 퍼부어질 것이었다.

'그 아버지에 그 아들.'

김용춘의 아버지는 신라 제25대 진지왕이다. 진지왕은 진흥왕의 아들로,《삼국사기》에는 즉위 후 얼마 못 가 병사한 것으로 되어 있으나《삼국유사》는 달리 기록하고 있다.

"나라를 다스린 지 4년 만에 주색에 빠져 음란하고 정사가 어지럽게 되자 국인이 그를 폐위시켰다."

진지왕은 화백 회의에서 조카에게 왕위를 빼앗긴 뒤에도 술과 여자에 빠져 지내다가 죽었고, 자식들은 성골에서 진골로 격하되어 왕궁 밖으로 쫓겨났다. 그러니 김용춘을 향한 신라 상류층의 눈길이 고울 리 없었다. 폐위된 임금의 별 볼 일 없는 아들이라는 딱지에 사촌 진평왕의 견제까지, 김용춘으로서는 고달플 수밖에 없는 나날이었다. 함께 출전한 부하 장수 김서현 정도나 그 마음을 알아줄 뿐 누구에게 이야기할 수조차 없는 사연이었다.

"저희는 아무리 신라를 위해 싸워도 신라 사람이 아닙니다."

김서현의 말이었다. 김서현의 아버지는 김무력, 금관가야의 왕자였다. 금관가야가 신라에 항복하면서 골품제상 진골에 편입되었으나 그를 진골로 대접하는 사람은 없었다. 특히 김서현의 결혼 이야기는 서라벌 전역에서 화제였다. 진흥왕의 조카이자 '진정한' 진골이었던 만명부인과 사랑에 빠졌는데 만명부인의 가족은 그 결혼을 결사반대했다. 김서현의 아버지 김무력이 관산성 싸움 때 신라의 장군으로서 백제 성왕을 패퇴시킨 대공신이었음에도 그랬다.

"어떻게 가야 핏줄하고 좋아 지낸다는 거야!"

역사를 만든 최고의 짝

급기야 만명부인의 가족은 그녀를 집 안에 가두어 두기에 이르렀다. 만명부인이 누군가의 도움을 받아 문을 부수고 탈출했을 때 (이야기 좋아하는 사람들은 문에 벼락이 떨어져 부서졌다고 하지만) 그녀가 달려간 곳은 김서현의 부임지였다.

오늘 김서현은 만명부인과의 사이에서 낳은 아들 김유신과 함께 싸움터에 나왔다. 김유신의 나이 서른다섯이었다. 열다섯에 일찌감치 화랑이 되었고 열여덟에 국선(화랑의 우두머리)이 된 그였지만 서른다섯이 되도록 직위는 부장군이었다. 김유신은 아버지 김서현을 찾았다.

"옷깃을 떨쳐야 옷이 바르게 되고 벼리를 들어야 그물이 펴진다고 했습니다. 제가 옷깃이 되고 벼리가 되겠습니다."

혼자 적진에 돌입해 적장을 기습하겠다는 뜻이었다. 성공하면 좋겠지만 그렇지 못하더라도 장렬하게 전사해 군의 사기를 북돋우겠다는 의지, 일종의 도박이었다. 김유신은 이번 전투에서 어떻게든 공을 세워 가야계라 받아야 했던 멸시와 견제를 깡그리 치워 버리고 싶은 다급함이 있었다. 김서현이 허락하기도 전에 김유신은 고구려 진영으로 뛰어들었다.

김유신의 말이 일으키는 흙먼지와 그 사이로 번뜩이는 김유신의 칼날을 신라군은 숨죽여 지켜보았다. 김유신이 칼을 휘두를 때마다 다급하게 덤벼든 고구려 기병 여럿이 거꾸러졌다. 눈 깜짝할 사이 김유신은 고구려의 대장기 아래로 육박해 적장과 일대일로 맞

붙었다. 신라군이 환호를 올리기도 전에 김유신의 칼은 고구려 장수의 옆구리를 맹렬하게 파고들었다.

고구려군은 악몽을 꾼 듯했고 신라군은 헛것을 본 듯 눈을 비볐다. 피가 뚝뚝 떨어지는 고구려 장수의 목을 들고 말달려 돌아오는 것은 분명 김유신이었다. 그제야 천둥 같은 환호로 신라군 진영이 들썩였다. 대장군 김용춘은 이때를 놓치지 않았다. 전군 돌격!

기세등등한 신라군 앞에서 장수를 잃고 우왕좌왕하던 고구려군은 성안으로 돌아갈 새도 없이 참패하고 말았다. 낭비성 성주는 수비군이 괴멸되는 것을 지켜보다가 항복을 택했다. 김용춘은 일등 수훈자라 할 김유신을 얼싸안았다. 그때 김용춘의 옆에서 김유신을 유심히 지켜보던 잘생긴 청년이 있었다. 바로 김용춘의 스물다섯 살 난 아들 김춘추였다. 일본 사서에 "용모가 매우 아름답고 말을 잘한다"는 칭찬이 기록되어 있는, 당 태종도 곁에 두고 싶어 했다는 총기 흐르는 미남자 김춘추와 불운한 용장 김유신이 조우하는 순간이었다.

낭비성 전투에서 보여 준 단신 돌격으로 김유신은 꽤 유명해졌지만 그 후로도 오랜 시간 뚜렷한 벼슬이나 직위를 갖지 못했다. 훌륭한 무관이었지만 특별히 이름난 전투에 참가한 기록도 없다. 가야계로서의 설움을 톡톡히 경험해야 했던 그가 돌파구로 택한 사람이 바로 김춘추였다. 김유신은 김춘추를 자주 집으로 초대했고, 놀이 도중 일부러 김춘추의 옷을 찢어 자신의 여동생 문희가 이를 꿰

매게 만들었다. 그러는 사이 김춘추와 문희는 자연스레 사랑에 빠졌다. 김유신의 계획대로였다.

문희는 이내 아이를 가졌지만 김춘추는 문희와의 혼인을 주저했다. 폐위된 왕의 천대받는 자손일망정 그 역시 진골이었다. 가야계의 허울에서 벗어나기 어려운 김유신과 처남 매부 사이가 되는 것은 썩 내키지 않는 일이었다.

이에 김유신이 벌인 행동은 유명하다. 선덕여왕이 신하들과 산에 올라 서라벌 도심을 내려다보던 시간에 맞춰 장작을 쌓고 그 위에 '아비 없는 아이를 가진' 문희를 올린 뒤 불을 붙였던 것이다. 선덕여왕 곁엔 김춘추도 있었다. 또 하나의 승부수였다. 아마 선덕여왕이 불길을 외면했더라면 문희는 불에 타 죽었을지도 모른다. 김유신은 수없이 목숨을 걸어 본 사람이었고, 먼 훗날 싸움터에서 도망친 아들을 죽이려 들었을 만큼 냉정한 무장이었다. 그런 김유신을 잘 아는 김춘추였기에 불기둥을 본 그의 얼굴은 백지장이 되었다. 이들의 속사정을 알게 된 선덕여왕은 김춘추에게 문희와 혼인하라는 명령을 내렸다. 김유신과 김춘추는 그렇게 한집안이 되었다. 폐위된 왕족과 멸망한 왕국 후손의 결합이었다.

함께 갑시다

642년(선덕여왕 11년), 백제 장군 윤충이 이끄는 대군이 신라 서부 국경을 넘었다. 순식간에 40여 개의 성을 빼앗은 백제군은 신라 서부 지역 최대 요새인 대야성(오늘날의 경남 합천)으로 몰려들었다. 대야성의 성주 김품석은 김춘추의 사위였는데, 그는 무능하고 탐욕스러운 자였다. 어린 아내를 두고도 부하의 아내를 빼앗아 원성을 샀던 그는 백제군이 몰려오자 항복을 타진하며 목숨을 구걸했다. 백제 장군 윤충은 항복을 받아들이는 체했지만 그의 목적은 신라 진골 김품석과 김춘추 딸의 머리였다. 윤충은 김품석과 그의 가족을 죽여 그 머리를 백제 사비성으로 보냈다. 지난 관산성 전투 때 신라인들이 백제 성왕을 참수해 머리를 궁궐 계단에 묻어 밟고 다닌 것에 대한 복수였을 테다.

이 소식을 접한 김춘추를 《삼국사기》에서 이렇게 묘사하고 있다.

"기둥에 기대서서 눈도 깜박이지 않았고 앞에 사람이나 무엇이 지나가도 알아보지 못했다."

그야말로 눈앞이 캄캄해진 상황이었다. 꼬리에 꼬리를 문 생각들이 그의 눈앞을 가렸으리라. 김춘추는 분연히 부르짖었다.

"사내로 태어나 어찌 백제를 멸하지 못하랴!"

하지만 이는 오만에 가까웠다. 합천에서 대구, 즉 대야성에서 달구벌까지는 평지였고, 달구벌에서 얼마 지나지 않는 곳에 경주 서

역사를 만든 최고의 짝

라벌이 있었다. 즉 대야성에 복수심으로 한껏 달아오른 백제 대군이 진을 치고 있다는 것은 신라의 국가적 위기였다. 김춘추는 남은 가족과 국가를 지켜야 했다.

백제와 고구려 사이에서 걷어차이고 쥐어박히던 신라에게는 획기적인 전기가 필요했다. 우선은 파상공격을 막아 낼 힘이 필요했고, 다음으로는 백제를 함께 공격하거나 최소한 견제해 줄 동맹국이 필요했다. 김춘추는 정치적 위기까지 맞고 있었다. 폐위된 왕족의 불명예에다가 싸움도 하지 않고 항복해 죽임을 당한 사위의 일까지 겹친 것이다. "그 집안은 왜 그래?"하는 비웃음이 어찌 없었겠는가.

이 상황에서 명장 김유신과 뛰어난 언변의 미남 귀족 김춘추는 굳게 결합한다. 손을 맞잡았다기보다 한 몸이 되었다는 편이 맞겠다. 김춘추는 백제를 견제할 동맹국으로 우선 고구려를 봤다. 당시 고구려는 연개소문이 정변을 일으켜 왕을 죽이고 정권을 거머쥔 상태였다. 대륙의 신흥 국가 당나라와 화친하고자 했던 왕을 죽였으니 자연스레 당나라와 사이가 나빠졌을 것이고, 당분간은 조용히 국경 안팎의 치안 유지만을 원할 것이니 동맹을 제안해 볼 만하다는 것이 김춘추의 생각이었다. 하지만 왕을 죽이고 시신을 토막 내 시궁창에 버렸다는 그 무시무시한 연개소문이 어떻게 나올지, 또 무슨 요구를 해 올지는 전혀 가늠할 수 없었다. 여차하면 김춘추의 목숨도 보장할 수 없었다. 이때 김춘추가 기댄 사람이 김유신이었다.

고구려로 떠나기 전 김춘추는 김유신과 술잔을 들었다.

"공과 나는 일심동체로서 나라의 기둥이오."

김춘추가 입을 열었다. 김유신을 높이면서 자신도 높였다. 폐위된 왕의 손자와 망국의 왕손이 신라의 기둥을 자처한 것이다. 그러나 기둥 하나가 꺾이면 다른 기둥이 어찌 버틸까. 김춘추는 그 점을 상기시켰다.

"이번에 내가 고구려에 들어가 만약 불행한 일을 당한다면 공이 무심할 수 있겠소?"

이에 대한 김유신의 대답은 무장답게 호쾌했다.

"만일 그렇게 된다면 내 말의 발굽으로 반드시 고구려와 백제의 궁정을 짓밟을 거요. 그리 못 한다면 무슨 얼굴로 백성들을 대하겠소."

장담이자 다짐이었다. 여동생을 불태워 죽이는 연극까지 해 가며 이룬 결혼 동맹의 당사자 김춘추가 사라진다면 김유신의 미래도 그다지 볼 것이 없었다. 둘은 손가락을 깨물어 낸 피를 술에 섞어 마시며 맹세했다. 생사를 가늠할 수 없는 길로 떠날 김춘추의 말은 결연하면서도 슬펐다.

"60일이면 돌아오리다. 만일 이 기한이 지나도록 오지 않는다면 다시 만날 수 없을 거요."

이날 술자리가 끝난 후 아마도 김유신은 그의 직속 부대와 그를 따르던 낭도들에게 선언했을 것이다.

역사를 만든 최고의 짝

"60일 뒤 모든 것이 끝날 수도 있다. 죽었다고 생각하고 훈련하라. 너희는 나와 함께 죽으러 가야 한다."

한편 김춘추와 마주한 연개소문은 순순히 신라의 뜻을 들어줄 생각이 없었다. 동맹을 맺으려면 신라는 그에 상응하는 대가를 치러야 하고 예전처럼 고구려의 보호를 받으며 사는 것을 감수해야 한다는 것이 연개소문의 입장이었다. 연개소문은 죽령 이북의 땅, 즉 한강 유역을 요구했으나 김춘추가 이를 거부하자 그를 감옥에 가두었다.

마침내 약속한 60일이 넘어섰을 때 김유신은 돌아볼 것도 없이 군사를 일으켜 고구려로 향했다. 《삼국사기》 본기에는 군사 1만 명으로 기록되어 있지만 《삼국사기》 〈김유신 열전〉에는 3,000명으로 기록되어 있다. 아마도 3,000명이 맞을 것이다. 백제군에도 쩔쩔매던 신라에 고구려를 칠 병력이 있었을 리 없다. 고구려의 궁정을 짓밟기에는 터무니없이 적은 병력, 김유신 역시 죽음을 각오했던 것이다. 신라에 숨어들어 있던 첩자에게서 전갈을 받은 연개소문도 당황했다.

"김춘추가 죽으면 김유신도 죽을 수밖에 없습니다. 그렇게 맺어진 사람들입니다. 둘 다 죽일 수야 있겠지만 당장 우리 고구려가 얻는 게 뭡니까. 신라군이 임진강을 넘었습니다! 한성(오늘날의 황해도 재령)이 위태롭고 평양도 머지않았습니다. 신라와, 아니 김유신과 기어코 싸우시렵니까?"

연개소문은 생각을 바꾸었고 김춘추는 풀려났다.

그 후로도 김춘추는 동맹을 위해서라면 어디든 발품을 마다하지 않았다. 내내 사이가 좋지 않던 일본뿐만 아니라 오늘날 베이징에서 비행기로도 두 시간이 걸리는 당나라의 수도 장안까지 제집 드나들 듯이 오갔다. 물론 그 길은 편안한 유람 길이 아니었다. 당나라로 가려면 바닷길을 택해야 했는데 당시 항해술로 서해를 횡단하는 것은 거의 불가능에 가까운 일이었다. 요동반도(랴오둥반도)까지 북상했다가 산동반도(산둥반도)로 이어지는 섬들을 따라 흘러가는 것이 당시의 항로였고 그 태반은 고구려 수군이 눈에 불을 켜고 지키는 지역이었다. 실제로 고구려군의 추격을 받던 중 김춘추의 옷을 대신 입은 부하가 죽고 그 틈을 타서 도망친 경우도 있었다. 목숨을 건 여정이었다.

김춘추의 발이 부르틀 때 김유신의 칼 쥔 손에는 굳은살이 박혔다. 김유신은 그야말로 초인적인 면모로 백제와의 사투에 나섰다. 전투에서 이기고 돌아온 날 또 다른 전쟁터로 달려가는 일은 이미 일상에 가까웠다. 그 와중에도 김유신은 김춘추에 대한 배려를 잊지 않았다. 648년 옥문곡 전투에서 백제군을 대파하고 적장 여덟 명을 사로잡은 김유신은 백제에 이런 제안을 했다.

"김품석과 그 아내의 뼈가 너희 감옥에 묻혀 있다. 죽은 두 사람의 뼈를 보내 살아 있는 여덟 사람과 바꾸겠는가?"

펄펄 살아서 신라를 유린할 백제 장군들을 죽은 사람의 뼈와 교

환하자는 것이었다. 뒷말하기 좋아하는 사람들이 입에 올리기에 좋을 제안이었다.

"처남 매부 사이가 아무리 두터워도 그렇지. 해골하고 범 같은 적장 여덟을 바꾸다니."

백제의 생각도 그랬다. 백제 좌평(백제의 16관등 가운데 첫째 등급) 충상이 의자왕에게 보고했다.

"우리가 해골을 가지고 있어 봐야 이로울 게 없습니다. 또 돌려줬는데 신라가 장수들을 죽인다면 저쪽이 거짓말을 한 것이니 무엇이 두렵겠습니까."

의자왕은 김춘추 딸과 김품석의 백골을 파내 신라로 돌려보냈다. 김유신 역시 백제 장수들을 돌려보내며 말했다.

"이파리 하나 떨어진다고 하여 무성한 수풀이 줄어드는 것이 아니며, 티끌 하나 쌓인다고 하여 큰 산이 높아지는 법은 없다."

김유신에게는 적장들의 목숨을 끊는 것보다 더 중요한 일이 있었다. 바로 김춘추와의 굳건한 결합이었다. 적장을 풀어 주는 위험까지 감수하며 피붙이의 유골을 찾아 준 처남 앞에서 김춘추는 이렇게 통곡하지 않았을까.

"서라벌 남산이 돌덩이 하나가 되고 아리수(한강)가 아기의 오줌 줄기가 된대도 어찌 내 이 은혜 잊겠소."

이즈음 김춘추에게 남긴 김유신의 말은 참으로 시사하는 바가 크다.

"백제와 크게 싸워 20개의 성을 빼앗고 3만여 명의 머리를 베었으며 품석공과 부인의 유골을 향리로 돌아올 수 있게 했습니다."

이렇게 자신의 공을 나열한 김유신은 여기에 뒤집기 한판과 같은 겸손함을 더해 김춘추의 마음을 헤집어 놓는다.

"하지만 이는 모두 하늘이 한 일일 뿐입니다. 제가 무슨 힘이 있었겠습니까?"

통일 신라의 두 기둥

김춘추와 김유신은 선덕여왕의 통치에 반발한 비담과 염종의 반란을 격파하고 그 뒤처리 와중에도 한 몸처럼 움직였다. 비담을 필두로 "여자가 왕이 되어 나라 꼴이 엉망"이라고 외친 진골 귀족들의 반란은 김춘추와 김유신에게 위기이자 기회였다. 이때 신라 관군 진영에 별똥별이 떨어지자 반란군이 "여왕에게 불길한 징조다"라며 심리전을 전개했고 김유신이 불타는 연을 띄워 "별이 다시 하늘로 올라갔다"고 되받은 일화는 유명하다. 당시 별이 떨어진 곳에서 올린 제사 때 김유신이 읽어 내린 제문은 김유신의 사람됨을 낱낱이 보여 준다.

"지금 하늘이 무심하여 도리어 왕의 성안에 별이 떨어지는 변괴를 보이니 이는 제가 의심하고 깨달을 수 없는 바입니다. 생각건

역사를 만든 최고의 짝

대 하늘의 위엄은 사람의 하고자 함에 따라 착한 이를 착하게 여기고 악한 이를 미워하시어 신령으로서 부끄러움을 짓지 말도록 하십시오."

유사 이래 많은 제사가 있었고 허다한 제문이 있었지만 이렇듯 하늘이 하는 행동이 옳지 않다고 의심하고, 꾸짖고, 심지어 경고하는 내용의 제문은 다시 찾기 어렵다. 김유신은 그런 사람이었다. 그는 반란군의 지도층을 처벌했지만 그 병사들에게는 일절 책임을 묻지 않았고, 반대파 귀족들이 바짝 엎드린 상황에서도 '마지막 성골' 진덕여왕을 옹립해 명분을 잃지 않았다. 그리고 다시 진덕여왕의 치세 하에서 김춘추가 당나라를 분주히 오가는 사이 김유신은 백제, 고구려와 사투를 벌이며 세월을 보냈다.

진덕여왕이 얼마 못 가 죽은 뒤 다음 왕을 결정하는 회의가 열렸다. 성골의 대가 끊겼으니 진골 중에서 왕을 뽑아야 했다. 이에 왕위 승계자로 알천이라는 자가 거명되었다. 언젠가 경주 남산에서 화백회의를 하던 중 갑자기 호랑이가 나타나 모두 어쩔 줄 몰라 할 때 그 꼬리를 잡아 내동댕이쳤을 만큼 용감하고도 굳센 용력의 사나이였다. 바로 그 알천이 이렇게 말했다.

"나는 늙었고 뚜렷한 덕행도 없소이다. 이 자리에서 덕이 높기로 춘추공만 한 이가 없지요. 그야말로 세상을 다스릴 영걸이 아니겠습니까."

매우 아름다운 이야기지만 《삼국유사》를 쓴 일연은 〈진덕여왕〉

편에 다음과 같이 뾰족한 한마디를 남겼다.

"알천공이 상좌를 차지하고 있었지만 여러 어른은 유신공의 위엄에 복종했다."

즉 알천은 김춘추의 존재와 그를 떠받드는 김유신의 힘 앞에서 왕좌를 양보할 수밖에 없었던 것이다. 이미 김춘추와 김유신의 동맹은 신라를 지탱하는 힘의 원천이자 신라의 새로운 기틀로 자리 잡은 뒤였다. '세 번의 사양'(그야말로 형식적이었을 테지만) 이후 김춘추는 왕이 됐다. 황음무도荒淫無道하다 해서 귀족들에게 밀려났던 폐왕의 손자가 오래전 그 혈족의 머리를 떠났던 왕관을 다시 찾는 순간이었다.

7세기를 살아가던 동북아시아 백성들에게 가장 절실한 것은 누구의 승리도, 어느 왕의 영광도 아닌 평화였다. "병사의 백골은 벌판에 쌓였으며 몸과 머리는 멀리 떨어져 있었던"(《삼국사기》) 피어린 그리고 끝없는 상쟁은 일단 종식되어야 했던 것이 역사의 순리였다. 김춘추는 백제를 멸망시킨 뒤 세상을 떠났고, 김유신은 고구려의 멸망까지 지켜보고 숨졌다. 한반도 전체를 욕심낸 당나라 세력까지 몰아낸 것은 김유신의 조카이자 처남이며 김춘추의 아들인 문무왕이었다. 문무왕은 다음과 같은 말을 역사에 남긴다.

"(…) 서쪽을 정벌하고 북쪽을 도빌하여 능히 영토를 안정시켰고, 배반하는 자들을 치고 협조하는 자들을 불러 마침내 멀고 가까운 곳을 평안하게 하였다. 위로는 조상들이 남기신 염려를 위로하

신라의 삼국 통일

신라가 삼국을 '통일'했다는 표현에 거부감을 표하는 이들이 많다. 만주 지역을 상실하고 대동강 이남의 영토만 차지한 것을 두고 '삼국 통일'이라는 거창한 표현을 쓸 수 있는가 하는 문제의식이다. 그러나 역사적으로 볼 때 신라가 우리 민족사에 끼친 영향은 대단히 크다. 이화여대 신형식 명예 교수에 따르면 "신라는 불리한 여건 속에서 장기간 통일을 추진했고 능동적인 외교 활동으로 통일을 달성한 후 파격적인 민족 융합으로 단일 정부 아래 언어, 법률, 문화의 통합을 구축"했다.

고구려, 백제, 신라는 각각 독자적으로 발전한 고대 국가로서 동질감을 나누기보다는 적대적 관계에 선 기간이 압도적이었다. 광개토왕비문에 나오듯 고구려는 백제를 백잔百殘, 즉 백제 잔당이라 부르며 멸시했고, 중원 고구려비문에서 보듯 신라를 동이東夷, 동쪽 오랑캐로 치부했다. 백제 개로왕은 중국 화북 지역을 지배하던 북위에 사신을 보내 고구려를 쳐 달라고 간청했다. 그리고 신라는 백제의 위협에 맞서 기꺼이 당나라와 손을 잡았다.

이렇듯 서로를 향해 으르렁거리던 백제와 고구려가 멸망하고 줄어든 국토에서나마 단일 국가가 자리 잡게 된 역사적 사실의 의미는 결코 작지 않다. 신라의 통일 이후 고려에서 조선으로 이어지는 1,300여 년 동안 한반도에 터 잡은 국가가 분열의 위기에 처한 적은 거의 없었다. 즉 단일한 정치적, 문화적 공동체 역사의 출발점이 바로 신라의 통일이었던 것이다.

였고 아래로는 부자父子의 오랜 원한을 갚았으며, 살아남은 사람과 죽은 사람에게 두루 상을 주었고, 중앙과 지방에 있는 사람들에게 균등히 벼슬을 내렸다. 무기를 녹여 농기구를 만들었고 백성을 어질고 오래 살게 하였다."

이 감격스러운 선언을 만든 두 영걸, 우리 역사상 보기 드문 연대와 결합의 두 주인공 김춘추와 김유신은 하늘에서 문무왕의 말을 들으며 감격의 눈물을 흘렸을시도 모른다.

'고려 괴물'을 알아본
명장의 눈
윤관 ✕ 척준경

윤관

尹瓘, ?~1111년

고려 중기의 무신. 기병 중심의 군대인 별무반을 양성해 여진족을 정벌했고, 고려 동북면을 넘어 여진 지역으로 진출해 9성을 쌓았다.

척준경

拓俊京, ?~1144년

고려 중기의 무신. 어려서는 무뢰배들과 어울리기 일쑤였으나 윤관의 부름을 받아 고려 동북면에 침입한 여진족을 몰아내고 9성을 쌓는 데 기여했다.

"그 자의 이름이 준경이라고 했나. 성이 특이하던데."

고려 동북면 장주성. 어둠이 내려앉은 성안은 차츰 고요해지고 있었다. 인적 끊긴 거리를 서둘러 걷던 고려 장수가 수행원에게 묻자 진한 동북면 말투의 대답이 돌아왔다.

"척씨래요. 척씨라 했습니다. 고향이 서해도(오늘날의 황해도) 곡주(오늘날의 곡산)라던가."

"곡주…."

되뇌는 고려 장수의 입에서 짧은 신음이 흘러나왔다. 언젠가 서경을 방문했을 때 곡주라는 지명을 흘려들은 적이 있었다.

"사방이 산이굽쇼. 농사할 땅도 제대로 없는 가난한 동네라 했습니다요."

두 사람이 만나려 하는 척준경은 감옥에 있었다. 결코 가볍지 않은 죄를 지었고, 다시 햇빛 보기가 어려울 것이라는 소문도 있었다. 그런 척준경을 애써 찾아가는 이유는 그 이름에 걸린 전설 같은 무용담 때문이었다.

"척준경에 대한 말들이 사실인가?"

화려한 갑옷을 입은 고려 장수가 수행원에게 다시 한번 매섭게 물었다. 그의 이름은 윤관. 여진과의 전쟁에서 17만 대군을 이끈 고려 총사령관으로, 100여 년 전 거란과의 전쟁 이후 최대 작전의 지휘관이었다. 수행원은 윤관보다 더 단호한 말투로 대꾸했다.

"소문은 항상 틀리는 법입지요마는 척준경에 관한 소문만큼은 사실에 미치지 못한다고 생각합니다. 정말로 범 같은 자입니다."

감옥 안의 용병

1104년(숙종 9년) 2월, 고려의 동북면 총사령부라 할 정주성은 공포와 슬픔에 휩싸였다. 부상을 입은 병사들의 신음 소리가 쉼 없이 흘렀고, 성 밖에서 들리는 여진족의 말 울음소리는 성벽 위에 쭈그린 고려 병사들의 귀를 끊임없이 찔러 댔다. 지휘관들이 성안을 돌며 연신 힘내라고 외쳤으니 이미 병사들의 사기는 땅에 떨어지다 못해 땅속으로 파고들 지경이었다.

이날 고려군은 정주성을 공격해 온 여진족과의 성 밖 전투에서

역사를 만든 최고의 짝

최악의 참패를 당했다. 보병 위주의 고려군이 달려들면 기병들로만 구성된 여진족은 멀찍이 피해 화살을 날리다가 바람처럼 치고 들어와 고려군진을 부쉈다. 고려군은 몇 차례나 반격에 나서 봤지만 사람의 걸음으로 말의 속도를 이길 수는 없었다. 급기야 한 무리의 여진족 기병대가 정면충돌을 감행해 왔을 때 고려군은 공황에 빠지고 말았다. 총사령관 격이라 할 동북면 병마사 임간마저 기가 질려 제대로 된 명령을 내리지 못했고, 공포에 사로잡힌 병사들은 제 위치를 벗어나 성문으로 내달렸다. 당시 전투에서 병사들의 전열이 붕괴된다는 것은 곧 전멸에 가까운 패배를 뜻했다. 발 빠른 기병대가 사방으로 도망가는 보병을 잡는 일이란 양떼 사냥보다도 쉬웠다. 성안으로 쫓겨 들어온 고려군의 병력은 반으로 줄어 있었다.

　여진족의 공격은 거셌다. 죽을힘을 다해 화살을 날리고 돌을 굴리는 와중에도 고려 병사들의 눈에는 절망이 흘렀다. 패배, 그리고 이어질 것은 대학살이었다. 임간은 여전히 갈팡질팡했다. 도망가기엔 너무 늦었고, 싸워 이길 가망은 없었다. 하릴없이 서성이던 그의 앞에 기골이 장대한 청년 한 사람이 나타났다. 그는 다짜고짜 임간에게 말했다.

　"갑옷 입힌 말 한 필과 무기를 주십시오."

　임간의 이맛살이 좁아졌다. 청년을 쳐다보던 임간이 고개를 끄덕였다.

　"준경이 너냐?"

당시 임금이었던 숙종이 왕위에 오르기 전 데리고 있었다는 무사 척준경이었다. 이름뿐인 하찮은 벼슬자리에 있다가 이번 여진 정벌에 배속된 이였다. 임간의 눈길은 곱지 않았다. 왕족을 따라다니며 격구(말을 타거나 걸어 다니면서 공채로 공을 치던 무예) 동료나 하던 건달이라는 것이 척준경에 대한 임간의 생각이었다. 경솔했다던 임간의 성격상 "어딜 너 따위가 나한테…"하고 발끈했을지도 모른다. 그러나 그를 부짖어 물리치기에는 상황이 너무 좋지 않았다.

"이 녀석 말대로 해 주어라."

큰 기대는 없었지만 임간은 척준경의 요청을 수락했다. 성문이 열렸다. 척준경은 지친 고려군의 눈길 배웅을 받으며 갑옷 입힌 말에 올라탔다. 창을 들고 칼을 차고 활을 비끄러매고서 한 치의 망설임도 없이 여진족을 향해 달려 나갔다.

여진족은 예상 밖의 단신 돌격에 잠깐 놀랐다가 이내 웃음을 터뜨렸다.

"고려 애들 중에도 말 타는 애가 있구나, 깔깔."

그런데 척준경은 그 웃음소리와 창칼을 뚫고 여진 기병 속으로 뛰어들더니 깃발 아래서 거들먹거리던 여진족 대장 앞에 육박했다. 호위병들이 다급히 달려들었으나 칼질 몇 번에 거짓말처럼 나가떨어졌고, 기겁한 여진족 대장의 머리도 순식간에 떨어져 버렸다. 다시 척준경이 말에 박차를 가해 여진족 틈을 거의 빠져나올 때까지 그들은 얼빠진 채 멀거니 서 있었다. 그때 누군가가 날카롭게 외쳤다.

"저놈 잡아라!"

그제야 정신을 차린 여진족 병사 100여 명이 일시에 척준경을 쫓아갔다. 척준경은 익숙한 숲속으로 들어가 나무 사이를 요리조리 누비며 추격대 맨 앞 여진족 장수를 향해 활을 겨눴다. 화살은 정확히 여진족 장수의 양미간에 꽂혔다. 그는 추격이 느슨해진 틈을 타 포로들까지 구출해 성안으로 돌아왔다.

척준경은 열광적인 환영을 받았다. 이후 정식 벼슬도 얻었다. 그러나 환호만큼의 미움을 함께 샀다. 욱하는 성질이 있었던 척준경은 윗사람들의 비위를 자주 거슬렀고, 문관 출신이 주를 이룬 지휘관들은 싸움에만 능할 뿐 일자무식인 그를 무시했다. 결국 척준경은 중죄를 뒤집어쓰고 감옥에 갇혔다. 참형당할 수 있다는 소문까지 도는 암담한 형국이었다. 그러나 임간의 후임 병마사로 온 윤관은 경우가 달랐다. 발령 후 내내 여진족과 싸웠고 역시 패배를 맛봐야 했던 윤관에게는 쓸 만한 장수 한 사람, 아니 말 잘 타는 병사 한 사람이 아쉬웠다. 하물며 그렇게 용맹한 자를 허무하게 죽이거나 감옥에서 썩힐 일이 무엇이랴.

"네가 척준경이냐?"

창살 틈으로 드러나는 척준경의 단단한 몸을 내려다보며 윤관이 말했다. 오랜 옥살이에 수척하긴 했지만 여전히 장사의 몸이었다. 척준경은 말이 없었다. 일말의 희망도 가지고 있지 않은 듯 윤관의 행차에도 아랑곳없이 길게 드러누워 있었다. 윤관의 수행원이 오히려 안달하며 어서 일어나 보라고 채근했지만 척준경은 미동도 없었다. 윤관은 감옥을 지키는 병사를 불러 물었다.

"척준경이 밥은 먹느냐?"

"그러문입쇼. 밥은 주는 대로 먹습니다요. 아주 바가지를 박박 긁어 먹습니다요."

윤관은 크게 웃으며 돌아섰다. 애가 탄 수행원이 "그래도 저놈이 싸움 하나는 기가 막힌 자니 한번 살려서 써 보시는 게 어떻겠습니까?"하며 손을 모으자 윤관은 웃으며 대답했다.

"힘없는 이도 죄다 끌고 와서 17만 별무반을 만들지 않았는가. 내 폐하께 청을 올려 저자를 다시 군대에 넣을 것이야."

윤관의 머릿속에는 진저리나게 기세등등하던 여진족 기병대가 다시금 떠오르고 있었다. 어떻게 손쓸 수도 없이 무너져 내리던 고려군을 보며 발만 굴렀던 기억까지도.

"누구라도! 도움이 될 자라면 누구라도!"

윤관은 중얼거렸다. 언뜻 보아도 척준경은 쓸 만한 용사였다. 고려 천지 백성들이 몽땅 전쟁에 동원된 판국에 그런 자를 어찌 감옥의 귀신이 되도록 버려둔단 말인가. 윤관은 붓을 들어 척준경을 사면하고 종군시키겠노라는 보고를 쓰기 시작했다.

목숨을 걸고 은혜를 갚다

윤관은 출정 전 속임수를 썼다. 고려의 포로로 잡힌 추장 둘을 석방해 주겠다며 여진족 추장 수백 명을 초대해 대접한 뒤 그들이 술에 취한 틈을 타서 기습, 몰살해 버린 것이다. 그때 윤관은 척준경의 활약을 처음으로 목도했다. 척준경은 비록 술에 취하고 방심했다고는 하나 한창 발흥하던 여진족의 맹장들을 짚단 베듯이 베어 넘겼다. 멀리서 지켜보던 윤관이 입을 벌릴 만한 솜씨였다.

"척준경… 과연 소문대로구나."

하룻밤 사이에 여진족의 전쟁 지휘부 태반이 목숨을 잃었다. 충격과 공포가 여진족 부락을 휩쓴 가운데 대규모 고려군이 천리장성을 넘어 여진 땅으로 돌격해 들어갔다. 1107년(예종 2년) 12월이었다.

"나는 본대 5만 3,000명을 거느리고 출진한다. 중군 병마사 김한충은 3만 7,600명을 이끌고 안륙수로 나아가라. 좌군 병마사 문관은 3만 4,000명을 이끌고 정주 홍화문 밖 여진 땅을 들이치라. 우군 병마사 김덕진은 4만 4,000명을 이끌고 선덕진의 안해, 거방 두 초소의 중간 지점으로 진출하라. 선병별감 양유송과 원흥, 도부서사 정숭용과 진명, 도부서부사 견응도는 수군 2,600명을 인솔해 도련포로 이동하라."

윤관의 명령은 거침없었다. 고려군은 해일처럼 여진 땅을 휩쓸기 시작했다. 여진족도 이번에는 고려가 단단히 마음먹고 공격해 왔다는 사실을 깨달았다. 석성(오늘날의 함흥 일대로 추정)에서 여진족은 압도적인 열세에도 끈질기게 저항했다. 간단히 끝날 줄 알았던 전투는 해가 저물 즈음까지도 계속되었다. 윤관은 초조해졌다. 뭔가 뾰족한 수가 없을까. 어떻게든 적진을 헤집어 놓아야 했다. 먼 옛날 신라와 백제가 싸울 때, 단신 돌격으로 군의 사기를 드높였던 화랑들처럼 목숨을 돌보지 않고 적진에 뛰어들 용감한 장수가 절실했다. 이때 윤관의 눈에 들어온 사람이 척준경이었다.

"날이 저물면 무슨 일이 일어날지 모른다. 자네, 이관진 장군과 함께 이 난국을 돌파해 줄 수 있겠나."

최고 사령관 윤관의 간절한 호소. 척준경이 성큼성큼 윤관에게 다가와 깊숙이 머리를 숙인 뒤에 말했다. 그 말투는 무뚝뚝했으나 그의 근육만큼이나 단단함이 넘쳐흘렀다.

"장군 덕에 용서받아 여기 있게 되었으니 오늘 제 한 몸 희생하여 나라에 보답하겠습니다."

척준경은 곧장 말에 올랐다. 쏟아지는 화살을 아슬아슬하게 피하며 그는 홀로 적진으로 뛰어들었다. 이후 고려군 눈앞에 보고도 믿기 힘든 상황이 펼쳐졌다. 척준경은 이리 뛰고 저리 뛰며 성난 호랑이같이 여진족을 쓰러뜨렸다. 허수아비와 사람이 싸우는 것 같았다. 그 사납던 여진족 병사들이 맥없이 말에서 떨어졌고 드높던 여진족 깃발들이 땅에 나뒹굴었다. 악을 쓰며 지휘하던 여진족 추장까지 척준경의 칼에 맞아 거꾸러지는 순간 고려군 전원은 저도 모르게 환호를 내질렀다.

"저 용사를 죽게 내버려 둘 것인가."

윤관이 칼을 휘두르며 고함을 질렀다. 각 지방의 사투리가 뒤섞인 대답이 들려왔다. 고려 전역에서 몰려온 병사들의 외침이었다.

"명령만 내리시소. 다시 붙어 보입시더."

"가더라고요. 내가 죽든가 저 여진 놈들이 죽든가!"

"말도 안 됩니다. 우리도 갑시다."

척준경의 활약을 지켜본 고려군은 삽시간에 달아올랐다. 윤관 역시 이때를 놓치지 않았다.

"돌격하라. 척준경을 따르라."

북이 울렸다. 각 부대의 선봉장을 필두로 고려 기병대가 달려 나갔다. 그 뒤를 이어 창을 든 보병대가 줄달음쳤다. 궁병들도 그 뒤를 바짝 쫓으며 화살을 날려 돌격을 엄호했다. 여진족은 황급히 흩어져 성으로 도주했지만 이미 고려군 선봉이 성벽에 사다리를 걸어 기어오르고 있었다. 또 그 맨 앞에 척준경이 있었다.

어둠이 깔리기 시작할 무렵 석성에는 고려군의 깃발이 올랐다. 깃발 아래로 무려 1만 여진족의 시신이 쌓여 있었다. 입성하자마자 윤관은 척준경의 안위부터 물었다.

"척준경은 어디 있느냐? 무사한가?"

척준경은 살아 있었다. 윤관은 죽은 사람이 다시 살아난 듯 반기며 척준경을 끌어안았다.

"장하다! 장하다!"

이어 윤관은 주위를 둘러보며 외쳤다.

"비단 스무 필, 아니 서른 필을 가져오너라. 그것으로도 오늘 준경의 공을 덮지는 못 하리라."

척준경은 말이 없었으나 그의 눈은 젖어 들고 있었다. 선왕 숙종을 따라다니던 시절부터 오늘에 이르기까지, 윗사람으로부터 이토록 따뜻한 대접을 받은 적이 없었다. 죽을힘을 다해 싸워 이겨도 그 공은 도망만 다니던 상관이 가로채기 일쑤였고, 이에 싫은 내색이라도 하면 미천한 것이 설친다는 꼬리표가 붙었다. 하지만 윤관은 달랐다. 척준경은 눈앞에 펼쳐진 비단 서른 필을 보며 다짐했다.

'옛날 자신의 주군을 죽인 자에게 원수를 갚으리라 다짐하며 한 자객이 이렇게 얘기했다지. 무릇 선비란 자신을 알아주는 사람을 위해 목숨을 바치는 법이라고 말이야. 나 또한 이 사람이라면 내 목숨을 바치겠다.'

아버지처럼, 아들처럼

윤관은 척준경을 믿었고 척준경은 그 믿음에 기대 이상으로 보답했다. 이 두 사람의 활약으로 고려군은 여진의 135개 촌락을 함락시켰고, 아홉 성을 쌓아 고려 영토로 편입시켰다. 그러나 머지않아 금나라를 수립해 북중국을 지배하게 되는 여진족은 결코 만만치 않은 적수였다. 초반 기습의 충격에서 벗어난 여진족은 매서운 반격에 나섰다. 윤관은 다시 군대를 이끌고 동북으로 향해야 했다.

1108년(예종 3년) 1월, 윤관은 수천 명의 병사를 거느리고 행군 중이었다. 그러나 이들의 움직임은 여진족에게 낱낱이 탐지되어 병목 지형의 골짜기로 들어서는 순간 여진의 포위 공격이 시작되었다. 윤관의 사돈이자 최고 지휘관 중 한 사람이었던 오연총이 화살을 맞았고 여진족은 기세를 몰아 고려군을 맹공격했다. 어떻게든 포위망을 뚫어야 했으나 도무지 빈틈이 없었다. 윤관의 얼굴에 핏기가 사라졌다. 여기서 죽는 것인가.

이때 척준경의 부대는 여진의 포위망에서 벗어나 있었다. 포위망 속 고려군 본진의 비명이 가깝게 들려왔다. 전세는 이미 절망적이었다. 척준경의 소규모 병력이 포위망을 뚫어 줄 수 있는 상황도 아니었다. 그때 척준경이 벼락같은 목소리로 외쳤다.

"윤관 장군을 구하러 간다."

일시에 병사들이 입을 벌리고 척준경을 쳐다보았다. 이건 제 발로 호랑이 굴에 들어가겠다는 선언이 아닌가. 함께 군을 지휘하던 척준경의 동생 척준신이 뛰쳐나왔다.

"형님, 여진족의 포위망이 보통 굳센 게 아니오. 가 봐야 돌파하지 못하고 아까운 목숨만 잃을 텐데 뭣 하러 그런 짓을 합니까."

척준신으로서는 이렇게 덧붙이고 싶었을지도 모른다.

"아닌 말로 나라가 우리한테 해 준 게 뭐가 있다고!"

그러나 척준경은 척준신을 똑바로 쳐다보며 말했다.

"그래. 너는 고향에 돌아가 아버지를 모셔라. 나는 나라에 몸 바쳤으니 의리상 그럴 수 없다."

나라를 들먹이긴 했으나 척준경이 지키고자 하는 것은 윤관이었다. 나를 살려 주고 내 능력을 알아준 사람. 투구 끈을 동여맨 척준경이 말에 올랐다.

"명령은 아니다. 살길을 찾을 자는 찾고 나를 따를 자만 따르라."

그러고는 홀로 말에 박차를 가했다. 누가 따라오든 말든 상관없는 듯했다. 척준신이 외마디 욕설을 내뱉으며 그 뒤를 따랐다. 부대원 가운데 척준경을 따른 사람은 단 10여 명이었다. 말 그대로 결사대였다. 희망 없는 돌격이었다.

그러나 척준경이 누구던가. 척준경을 발견한 여진족 사이에서 다급한 외침이 터져 나왔다.

"고려 괴물이다. 그때 그 고려 괴물이다."

전쟁터 한복판을 헤집고 다니는 '고려 괴물' 척준경의 출현은 여진족을 혼란 속에 몰아넣었다. 척준경 앞을 막아서는 이들마다 머리가 떨어져 나가는 것을 본 여진족은 기가 질려 물러섰다. 포위망에 갇힌 채 최후를 각오하고 몸시리치던 고려군 앞에 척준경이 모습을 드러냈다.

"병마사 어른, 척준경이 왔습니다."

소식을 들은 윤관이 달려 나왔다. 온몸에 피를 뒤집어쓴 채 군례를 올리는 척준경을 보며 윤관은 직감했다.

'네가 나와 같이 죽으려 왔구나.'

그때 또 한 번의 기적이 일어났다. 함성과 함께 여진족 머리 위로 화살이 쏟아지고 창칼이 부딪치기 시작했다. 근처 영주성에 주둔하던 고려군이 달려온 것이다. 척준경은 원군이 왔다고 외치며 남은 병사들을 일으켜 세웠다. 여진족의 기세가 완전히 꺾였다. 포위망을 가로질러 원기 왕성한 고려군이 쏟아져 들어왔다.

고려 지휘부가 몰살당할 뻔했던 치명적인 위기는 사라졌다. 구사일생으로 영주성에 들어온 윤관은 척준경의 이름을 목놓아 불렀다.

"준경은 어디 있느냐."

척준경은 피 칠갑이 된 채 가쁜 숨을 몰아쉬며 돌아왔다. 척준경이 아니었다면 동북면의 얼어붙은 땅 위에 머리 없는 시신으로 나뒹굴었으리라. 윤관은 울먹이며 척준경을 끌어안았다.

"이제부터 내가 너 보기를 아들과 같이 할 것이다. 너도 마땅히 나를 아버지같이 대해라."

윤관은 덩치 큰 척준경의 등을 두드리며 울었다. 무뚝뚝한 무장 척준경의 어깨도 가늘게 흔들렸다. 윤관은 예종에게 척준경의 공을 알려 정7품 합문지후 벼슬을 받도록 배려했다. 그저 힘센 무뢰배, 왕족들의 격구 상대로 이름뿐인 벼슬만 얻었던 시골뜨기 척준경이 세상의 인정을 받은 것이다.

나를 알아주는 사람

이후 계속된 여진과의 전쟁에서 척준경은 보통 사람으로서는 상상
힐 수 없는 일을 해냈다. 동북 9성의 하나인 웅주성이 포위되었을
때 척준경은 홀로 성벽을 타고 내려가 포위망을 돌파한 후 인근의
고려군을 그러모아 여진족을 쳐부쉈다. 동에 번쩍 서에 번쩍 싸우
면 싸우는 대로 이겼으며, 그 앞에 여진족은 고양이 앞의 쥐처럼 옴
짝달싹하지 못했다. 하지만 여진 정벌은 고려로서 매우 힘겨운 전
쟁이었다. 지형 정보조차 제대로 확보하지 못한 채 단행한 전쟁에
서 초반의 기세를 이어가기에는 힘에 부쳤다. 동북 9성을 쌓고 이곳
이 고려의 영토임을 명백히 했던 고려였으나 지속되는 여진의 공격
과 고된 방어전 끝에 전쟁 발발 2년 후인 1109년(예종 4년), 고려는
동북 9성을 여진에 돌려주고 말았다.

　그래도 척준경은 윤관에게 변함없이 '효자' 노릇을 했고 윤관
역시 척준경에 대한 배려를 아끼지 않았다. 인종이 척준경의 아버
지를 따로 불러 자식의 공을 치하하고 은덩이와 곡식을 하사할 만
큼 척준경의 이름이 널리 알려졌던 것은 윤관의 꼼꼼하고도 상세한
보고 때문이었다. 척준경의 그 엄청난 활약상이 야사도 아닌 정사

《고려사》에 상세히 기록된 것은 무엇을 의미할까. 윤관은 자식의 성공을 기뻐하는 아버지의 마음으로 척준경의 공을 상주해 올렸던 것이다.

굳게 맺어진 두 사람의 활약은 여진족에게 강렬한 인상을 남겼다. 동북 9성 반환을 청하며 보내온 여진의 편지를 보면 "고려를 부모의 나라로 섬겨 왔으며, 만약 9성을 돌려준다면 하늘에 맹세코 대대손손 공물을 바치고 국경에 기왓장 한 장, 작은 돌 하나 던지지 않겠습니다" 하며 바짝 엎드린 모습을 보여 준다. 물론 9성 반환 후 불과 6년 만에 금나라를 세워(1115년) "형인 금나라 황제가 아우 고려 왕에게 전하노라"라고 시작되는 편지를 보내고(1117년), 북중국을 장악한 뒤 고려에게 신하의 예를 요구(1126년)하게 되지만 그럼에도 금나라는 고려를 향한 침략 전쟁을 시도하지 않았다. 오히려 군사적 충돌을 피하려 노력했다. 여러 이유가 있겠으나 여진족에게 크나큰 두려움을 선사했던 윤관과 척준경에 대한 기억도 분명히 작용했을 것이다. 혼자서 성벽을 기어올라 수십 명을 날려 버리던 괴물 같은 고려인을 그들이 어찌 잊었겠는가.

그러나 1111년(예종 6년), 윤관이 세상을 뜬 뒤 척준경의 인생은 다시금 크게 흔들린다. 윤관을 대신해 그의 새 후견인이 된 이는 탐욕 그득한 세도가 이자겸이었다. 척준경은 이자겸의 정치적 이익을 지키는 호위 무사로 전락해 주위의 원성을 듣게 된다. 이자겸을 제거하려는 주변의 음모 속에 동생과 아들을 잃는 슬픔을 겪었고, 이

2018년에 개봉한 영화 〈신과 함께─인과 연〉의 스토리 중 한 축은 고려 예종 때 단행된 여진 정벌을 배경으로 한다. 영화에 등장하는 저승차사 두 사람은 전생에 고려 17만 별무반이 천리장성을 넘어 여진족을 격파했을 때 고려군에 복무한 장군이었고, 또 한 명은 고려군에게 쫓긴 여진족 소녀였다. 여진족을 몰아낸 고려군은 아홉 개의 성을 쌓아 방비에 나선다. 함주·복주·영주·길주·웅주·통태진·진양진·숭녕진·공험진, 바로 '동북 9성'이다.

위 영화에서는 고려 대장군이 공험진 전투에서 전사한 것으로 나오는데, 이 공험진을 비롯한 동북 9성의 위치는 그 후 1,000년 동안 논쟁의 대상이 되고 있다. 일제 강점기 일본 학자들은 동북 9성을 함흥평야 일대라고 주장했으나 이는 옛 기록과 어긋나는 점이 많아 폐기됐다. 함경남도 일대설, 함경남북도설, 일각에서는 오늘날의 연변 지역과 북간도 일대까지 공험진이 뻗어 있었다는 주장도 존재한다. 실학자 정약용을 비롯해 많은 이가 동북 9성의 위치를 궁금해했고, 6진 4군을 개척해 압록강과 두만강을 경계로 한 오늘날의 한국 지도를 확정시킨 세종 역시 동북 9성에 각별한 관심을 보였다. 그는 국경을 개척한 김종서에게 이런 서신을 보냈다.

"고려 동북 국경은 공험진을 경계 삼았다는 말이 오래전부터 전해진다. 그러나 누구도 공험진의 정확한 위치를 모른다. (…) 《고려사》에 이르기를 '윤관이 공험진에 비를 세워 경계를 삼았다' 했는데, 그 비문을 찾아볼 수 있겠는가?"

그러나 끝내 공험진의 위치는 알 수 없었고, 윤관이 새겨 넣었다는 '고려지경高麗地境' 비석도 발견되지 않았다.

와 맞서는 과정에서 궁궐을 홀랑 태워 버리는 만행을 저지르기도 했다. 그 결과 그토록 큰 전공에도 척준경은 《고려사》 〈반역 열전〉에 올랐다. 잘못된 인연은 그릇된 결과를 낳을 뿐이다.

왕조 국가에서 궁궐을 불태워 버린 일은 그야말로 보통 일이 아니었다. 척준경 본인도 이 일에 심한 스트레스를 받았던 것 같다. 이자겸의 아들 이지언의 종이 척준경의 종과 싸우다가 "너희 주인은 궁궐 방화범으로서 역적으로 죽을 목숨이고 너는 그 종이니 더 험한 곳으로 처박힐 팔자다!"라고 퍼부은 일이 있었다. 이에 척준경은 펄펄 뛰며 이자겸의 집으로 달려갔다. 의관을 벗어 내팽개치며 이렇게 절규했다고 한다.

"그래. 내 죄가 크다. 내 발로 관아에 가서 내 죄를 고할 것이다."

그는 가족의 목숨까지 바쳐 가며 도왔던 이자겸 집안의 종마저 자신을 역적으로 부르고 있음에 걷잡을 수 없이 분노했다. 그의 몸에는 여진과의 전투에서 얻은 크고 작은 상처가 그득했으리라. 밀려드는 배신감 속에 그는 아버지처럼 자상했던 윤관의 웃음을 떠올렸을 것이다. 그러나 윤관은 세상에 없었다.

그 후 척준경은 임금을 도와 이자겸을 토벌했다. 그는 왕을 시해하고 스스로 왕이 되려 했던 최고 권력자 이자겸의 군대에 달랑 병사 일곱 명과 노비 스무 명을 이끌고 맞섰다. 제대로 된 무기도 없었다. 하지만 척준경이 버티고 선 것만으로 이자겸의 군대는 힘을 쓰지 못했다. 결국 고려 천하를 주무르던 이자겸은 소복을 입고 임금 앞에 무릎을 꿇었다.

임금은 그에게 문하시중, 즉 최고위직을 내리지만 이를 사양한 척준경은 궁궐을 불태운 죄를 물고늘어지는 이들의 탄핵을 받아 고향으로 내려갔다. 오늘날 황해도의 동북쪽 끝, 산으로 겹겹이 둘러싸인 가난한 고을 곡주로 돌아가면서 그는 다시 한번 윤관과 함께했던 짧은 시간을 기리고 더듬었을 것이다. 때로 자신의 목숨보다 더 무거웠던 사람, 티끌 같던 자신을 무게 있게 대접하고 역사에 그 이름을 남기도록 도와주었던 사람과의 추억을 곱씹으며 팍팍한 산길을 거슬러 올랐을 것이다. 척준경은 윤관이 죽은 후 30년이 넘도록 살았으나 그가 가장 빛났던 나날은 윤관과 함께했던 1,000여 일이었다.

역사를 만든 최고의 짝

여진인 퉁두란,
조선의 개국 공신이 된 사연

이성계 ✕ 이지란

이성계

李成桂, 1335~1408년

고려 말기의 무신이자 조선 제1대 왕 태조. 원나라의 지배를 받던 고려 국경 밖 동북면에서 북방 민족과 함께 성장했다. 개혁 의지가 강했던 신진사대부와 손잡고 조선을 건국했다.

이지란

李之蘭, 1331~1402년

고려 말, 조선 초기의 무신. 여진족 출신으로, 여진 이름은 '퉁두란'이다. 이성계와 의형제를 맺고 고려로 귀화해 조선 건국에 큰 공을 세웠다.

1258년(고종 45년) 3월, 수십 년 동안 고려를 지배해 온 최씨 정권이 무너졌다. 최씨 정권 4대 집권자 최의가 부하 장수 김준 일당에게 살해당한 것이다. 근 반세기 동안 왕위에 있었으나 허울뿐이었던 고종에게 형식적이나마 권력이 돌아왔다. 최씨 정권이 결사 항전을 주장했던 몽골과의 전쟁도 새로운 길을 모색할 여지가 생겼다. 그러나 현실은 암담했다. 1257년 고려를 침략한 몽골군은 해가 바뀌었어도 여전히 고려 국토를 유린하고 있었다. 무려 아홉 번째 침입이었다.

고려 동북면, 오늘날의 함경남도 지역 역시 몽골군의 맹공격을 받았다. 동북면 방위를 책임진 병마사 신집평은 지금까지 해 왔던 대로 휘하의 백성들과 군대를 섬으로 옮겼지만 곧 문제가 발생했다. 물과 식량이 부족해진 것이다. 곳곳에서 아우성이 일어났다. 들자니 몽골은 거의 세상의 전부를 점령한 모양이었다. 이 진절머리 나는 전쟁에서의 승리는 영영 가망 없는 일이었고, 섬에서 버티다 간 굶어 죽기 십상이었다. 이 위기를 틈타 속삭이는 두 사람이 있었다. 조휘와 탁청이었다.

"이래 죽으나 저래 죽으나 마찬가지니 살길을 찾읍시다."

"어떻게 하자는 거요?"

"이미 몇몇 고을 사람과 여진족에게 얘기를 해 놓았소. 몽골군에게 항복하고 그들을 도와 병마사를 죽입시다."

"병마사를 죽인다…, 이건 반역 아니오?"

"우리가 살고 봐야 할 거 아니오. 다 죽은 뒤에 누구한테 충성한단 말이오. 해가 떠서 우리를 비추면 그만이지, 그 해가 고려 왕이든 몽골 칸이든 무슨 상관이오."

마침내 의기투합한 조휘와 탁청은 병마사 신집평을 죽인 뒤 14개 성의 백성들을 이끌고 몽골에 항복한다. 철령 이북의 고려 영토가 통째로 몽골에 넘어간 셈이다. 이때 고민에 빠진 한 사람이 있었으니, 바로 이안사다. 《조선왕조실록》에 따르면 그는 고려 동북면 고을 의주의 방어 책임자였다. 몽골 지휘관은 이안사에게 두 번이나 사람을 보내 투항을 권유했다. 이미 몽골군과 여진족, 몽골에 투항한 고려인들이 사방에서 활개 쳤고 고려 관군의 반격도 기대하기 어려웠다. 이안사는 자신이 통솔하던 백성들과 군대를 이끌고 몽골에 투항하기로 결심한다. 투항하는 이에게는 관대한 것이 몽골의 습속이었다. 이안사는 고려인으로서가 아니라 몽골의 천호(1,000명 정도의 병사를 공출할 수 있는 집단의 우두머리)로서 새로운 삶을 살게 된다. 변발을 한 몽골의 지방관이 된 것이다.

몽골은 이 지역에 쌍성총관부를 두었고, 총관은 앞서 등장한 조휘의 후손들이 세습했다. 그렇게 오랜 세월이 흘렀다. 원래 고려의 동북면은 고려인만 살던 곳이 아니었다. 거란족의 후예와 여진족이 적잖이 살고 있었는데 여기에 몽골족까지 몰려왔다. 근 100년이 흐르는 동안 쌍성총관부에는 다양한 종족이 어울려 살았다. 이안사는 쌍성총관부의 천호 벼슬을 하다가 일생을 마쳤고, 그 직위는 증손자 이자춘에게까지 이어졌다. 이자춘에게는 매우 출중한 아들이 하나 있었다. 이름은 성계였다.

의형제가 된 두 신궁

이성계는 어려서부터 무예에 출중했다. 활 쏘고 말달리는 일에 있어 둘째가라면 서러워할 몽골, 여진의 무사들도 이성계 앞에선 꼼짝 못 했다. 특히 이성계의 활 솜씨는 상상을 넘어서는 수준이었다.

이성계가 어렸을 때의 일이다. 아버지 이자춘의 첩이자 여종이었던 김씨가 담 위에 내려앉은 까마귀 다섯 마리를 보고 이성계에게 활을 쏘아 맞힐 수 있겠느냐 물었다. 이성계가 활을 쏘니 화살 한

대에 까마귀 다섯 마리가 모두 꿰뚫려 죽었다. 김씨의 낯빛이 바뀌었다. 사람들을 지나치게 놀라게 하는 재주란 위험을 부르기 십상이다. 그는 어린 이성계에게 말했다.

"이 일을 입 밖에 내지 마시게."

하지만 그 재주는 숨기려야 숨길 수가 없는 수준이었다. 이성계에 대한 소문은 삽시간에 쌍성총관부 일대로 퍼져 나갔다. 이성계보다 네 살 위였던 여진족 천호 퉁쿠룬투란티무르의 귀에도 이성계의 이름이 수시로 들려왔다.

역시 타고난 활솜씨를 지녔던 퉁쿠룬투란티무르, 줄여서 '퉁두란'이라 불렸던 여진족 지도자와 이성계가 언제 처음 만났는지는 정확히 알려져 있지 않다. 그러나 그들은 어렸을 때부터 서로의 이름을 익히 들어왔을 것이다. 그리고 어느 날,《태조실록》에 기록된 바처럼 맞닥뜨려 무예를 겨뤘다. 종목은 사슴 사냥. 숲속에서 이리 뛰고 저리 뛰는 사슴을 쫓아 말달리던 중 쓰러진 나무 하나가 두 사람의 앞을 가로막았다. 퉁두란은 황급히 고삐를 당겨 쓰러진 나무를 돌아 사슴을 쫓았는데 놀랍게도 이성계는 쓰러진 나무 아래쪽으로 전속력을 다해 말을 몰았다. 말만이라면 모를까, 말 위에 탄 사람까지는 도저히 통과할 수 없는 높이였다. 그는 몸을 날려 나무를 뛰어넘은 후 나무 아래로 통과한 말 등에 무사히 올라탔고, 내저 활을 쏘아 사슴을 잡았다. 퉁두란은 혀를 내두르며 이성계에게 찬사를 건넸다.

"당신은 천재요. 인력으로 따를 수 없소"

그러나 아무리 한 지역에 섞여 살았다고는 해도 여진족은 여진인, 고려인은 고려인이었다. 특출한 고려인이 있다는 것은 여진족에게 달갑지 않은 일이었다. 비록 적은 아니라지만, 몽골의 세력도 예전 같지 않고 대륙의 형세 또한 멀미 날 만큼 어지러운 판에 이성계는 퉁두란에게 견제 대상이었다. 조선 중기 문인 홍만종의 《순오지》에 따르면 퉁두란은 이성계의 암살을 시도한다.

퉁두란은 이성계가 볼일을 보러 뒷간에 들어간 때를 노렸다. 이성계만큼은 아니라 해도 쌍성총관부에서 소문이 자자했던 명궁 퉁두란이 심혈을 기울여 세 대의 화살을 날렸다. 이성계는 영락없이 죽은 목숨이었다. 잠시 후 시신을 확인하러 뒷간으로 들어가려던 퉁두란은 그만 귀신을 만난 듯 뒷걸음치고 말았다. 이성계가 한 손으로는 허리춤을 매만지고 다른 한 손으로는 화살 세 대를 거머쥔 채 성큼성큼 걸어 나온 것이다. 퉁두란은 두 손을 번쩍 들고 말았다.

"저건 사람이 아니다."

이성계는 역시 남달랐다. 잔인할 때는 한없이 잔인한 무장이었으나 자신의 목을 노린 사람이라도 어딘가 마음에 들면 망설임 없이 받아들이는 면이 있었다. 후일 압록강 넘어 요동성을 공략할 때 몽골의 처명이라는 장수가 용감하게 저항하자 생포해 항복을 권한 뒤 끝내 마음을 얻어 심복으로 삼기도 했다. 이성계는 퉁두란에게도 손을 내밀었다. 하늘이 낸 듯한 재주를 가진 사나이, 그리고 자신

을 죽이려던 자에게도 아량을 베풀 줄 아는 이 고려인에게 퉁두란
은 머리를 숙였다.

"평생 형님으로 모시겠습니다."

황산 대첩

퉁두란은 이성계로부터 '이지란'이라는 이름을 얻고 고려로 귀순
해 이성계와 함께 격동의 시대를 맞이한다. 현재 남아 있는 태조 이
성계의 어진을 보면 기골이 장대하고 위풍당당한 데 반해 이지란의
초상을 보면 의외로 동글동글한 인상의 미남자다. 심지어 이지란
신도비(왕이나 고관의 무덤 앞에 사적을 기록해 세운 비)에는 "용모가
단정하고 아름다운 것이 마치 여인과 같았다"고 기록되어 있다. 누
가 보아도 장군감인 이성계와 그 옆에 선 미남 장군 이지란 콤비는
고려 말 외적과의 허다한 전투에서 빛을 발했다. 쌍성총관부 천호
를 대대로 역임한 이성계 집안이나 여진족 천호였던 이지란의 휘하
에는 용맹스러운 가병이 많았다. 이들은 징집된 농민이 대부분이었
던 보통의 고려군과는 차원이 달랐다. '가별초'라고 불린 이 고려-
여진 혼성 군단은 이성계와 이지란의 지휘 아래 적들과 종횡무진으
로 싸웠다.

가장 유명한 일은 역시 황산 대첩일 것이다. 1380년(우왕 6년)

8월, 수백 척의 왜구 선단이 충청도 진포를 공격해 들어왔다. 이때 고려 조정은 최무선이 공들여 개발한 화약 무기로 왜구 함대를 깡그리 불태우는 개가를 올렸다. 이로 인해 육지에 상륙해 있던 왜구들은 졸지에 독 안에 든 쥐가 되었다. 그러나 궁한 쥐는 고양이도 무는 법인데다가 왜구들은 결코 만만한 생쥐가 아니었다. 왜구들은 지나는 곳마다 피바다를 만들며 점점 그 기세를 올려 갔다. 이성계와 이지란이 이끄는 고려군은 지리산 기슭의 황산에서 왜구와 맞닥뜨렸다. 전투는 치열했다.

이성계는 몸을 돌보지 않고 적을 향해 돌격했다. 그러지 않고는 고려군의 사기를 끌어올릴 방도가 없었다. 난전 중 정신없이 칼을 휘두르는 이성계의 뒤로 창을 든 왜구 하나가 몰래 접근했다. 이지란은 말을 타고 내달리며 소리쳤다.

"뒤를 보시오, 영공! 뒤를 보란 말이오!"

그러나 이성계는 그 소리를 듣지 못했다. 이지란은 필사적으로 말달리며 화살을 쟀다. 다행히도 왜구의 창끝보다 더 빠른 이지란의 화살이 왜구의 목을 꿰뚫었다.

위기는 계속되었다. 왜구들의 화살이 총사령관 이성계에 집중되었다. 이지란의 화살을 손으로 받았던 이성계의 넓적다리에 화살이 꽂혔다. 절체절명의 위기. 그러나 이성계는 동북면에서 데리고 온 가별초의 힘으로 이 위기를 돌파해 나갔다. 이성계가 해를 가리키며 외쳤다.

고려 말기에는 이지란 이외에도 많은 이민족이 고려에 귀화해 새로운 삶을 살았다. 이지란과 함께 황산 대첩에서 맹활약한 장수 처명도 여진 족이었다. 충렬왕의 왕비이자 중국 원나라 세조의 딸 제국대장공주를 따라 고려에 들어온 장순룡이라는 자는 아랍계 위구르인이었다. 외교 수완이 좋았던 그는 덕수 장씨의 시조가 됐다. 이외에도 몽골인 인후와 중국인 연수창 역시 원나라 공주를 따라 고려에 들어와 각각 연안 인씨, 곡산 연씨의 시조가 됐다.

귀화인 가운데 이지란만큼이나 조선 건국에 기여한 인물로는 위구르 계인 설장수를 들 수 있다. 그는 고려 입국 4년 만에 과거에 급제해 유능 한 외교관으로 활약했다. 조선 건국 이후 명나라와의 관계가 험악해졌 을 때 여덟 번씩이나 명나라에 들어가 외교전을 펼쳤고 "의례는 명나라 것을 따르고 예전 법을 지키되 스스로 다스릴 것을 허락한다"는 사실상 의 '대對 조선 불개입 선언'을 이끌어냈다.

이렇듯 고려 말기와 조선 초기는 우리 역사에서 보기 드물게 국제 교 류가 활발했던 시기였다. 1407년(태종 7년) 1월 17일 실록에도 "회 회 사문(이슬람교 승려) 도로가 처자를 데리고 함께 와서 조선에 머물러 살기를 원하니 임금이 집을 주어 정착하도록 했다"는 기록이 나온다. 세종이 즉위할 때는 이슬람 성직자가 코란을 읽으며 왕의 만수무강을 기원하는 회회송축 행사도 열렸다. 세계 제국 몽골의 영향력이 불러온 고려의 국제적 분위기가 조선 초기까지 이어진 것이다.

"두려운 이들은 물러가라. 나는 싸우다 적에게 죽을 것이다."

필시 이지란은 큰 소리로 부르짖었을 것이다.

"우리 여진! 우리가 고려인에 뒤져서야 되겠나."

한 덩어리가 된 가별초 기병 군단은 좌충우돌하며 왜구들을 쓸어 버렸다. 승리가 목전에 다다른 찰나, 또 다른 왜구들이 쏟아져 나왔다. 기병대였다. 그들도 가별초와 똑같이 돌격을 감행하며 고려군을 짓밟았다. 그중에서도 온몸을 갑옷으로 무장한 한 어린 왜구의 활약이 돋보였다. 생김은 어린애 같았으나 내로라하는 고려 용사들이 그 앞에서 시체로 변했다. 고려 병사들은 그에게 '아기'라는 고려어와 '용사'를 뜻하는 몽골어 '발도拔都(바투)'를 붙여 '아기발도'라 일컬으며 두려워했다.

아기발도가 고려 진영을 허물어뜨리는 것을 보고 이성계는 엉뚱한 감회에 사로잡혔다.

"저자를 생포할 수 없겠는가."

자신을 죽이려던 이지란과 처명을 각각 동생과 심복으로 삼았던 것처럼 아기발도도 자신의 사람으로 만들고 싶었던 것이다. 수천 명의 생과 사를 결정할 장군으로서는 할 소리가 아니었다. 더군다나 아기발도의 활약으로 고려군 전체의 사기가 저하된 상황이었다. 이지란은 발끈했으나 정중한 자세로 이성계를 일깨웠다.

"그러려면 사람이 많이 상할 겁니다."

이성계는 병사들을 돌아보았다. 가별초, 자신을 위해 목숨을 걸

정예병들이었다. 아기발도 한 사람을 사로잡자고 이 아까운 목숨들을 버릴 수는 없지 않은가. 이성계는 결단이 빨랐다.

"그럼 죽여야지."

이때부터 이성계와 이지란, 두 호걸의 역사적인 협공 작전이 펼쳐진다. 아기발도는 여전히 얼굴까지 가린 두터운 갑옷을 입고서 고려군을 무찌르고 있었다. 이성계가 활을 들었다.

"도무지 쏠 데가 없군. 내가 투구 끝을 맞춰 면갑面甲을 벗길 테니 그 뒤에 네가 얼굴을 쏘라."

과녁은 성난 멧돼지처럼 날뛰었으나 이성계의 화살은 빈틈이 없었다. 화살 두 대에 투구가 날아갔고 이내 아기발도의 맨머리가 드러났다. 아기발도의 얼굴은 투구 꼭지보다 한결 넓은 과녁이었다. 이지란도 때를 놓치지 않고 화살을 퉁겼다. 아기발도가 쓰러지자 왜구의 기세도 꺾였다. 남은 것은 복수심에 불타는 고려군의 포위 섬멸전뿐이었다.《태조실록》에 따르면 이성계가 개선했을 때 늙은 최영이 "공이여! 공이여! 삼한이 다시 일어난 것은 이 한 번 싸움에 있는데, 공이 아니면 나라가 장차 누구를 믿겠습니까?"라고 감격할 만큼 큰 승리였다. 이성계 역시 그가 입버릇처럼 하던 말을 되풀이하며 이지란을 치하했을 것이다.

"말달리고 사냥하는 재주야 다른 사람에게도 많지만 선투에 임해 적을 무찌르는 재주는 지란 자네를 따를 사람이 없어."

형을 타이르는 아우

이성계는 용맹스럽고 결단이 빠르지만 지나치게 자신의 능력을 믿었고, 과시하기 좋아했으며, 욕망이 앞서 판단을 그르치는 경우가 왕왕 있었다. 그런 이성계에게 필요한 것은 무용이 아니라 지혜였고, 칭찬이 아니라 직언이었다. 이지란이 이성계의 오만함을 일깨운 일화는 상당히 많이 전해진다.

앞서 언급한《순오지》의 기록 중 하나. 이성계는 이지란과 함께 길을 걷던 중 물동이를 이고 가는 여자를 만났다. 장난기가 동한 이성계는 쇠구슬을 던져 물동이에 구멍을 냈다. 그러자 이지란은 깨진 조각이 떨어져 나가기도 전에 진흙을 던져 구멍을 막아 버렸다. 아마 이런 핀잔을 던졌을 것이다.

"왜 그렇게 재주를 자랑 못해 안달이십니까. 저 여자가 물을 뒤집어쓰면 형님이 좋은 게 뭐가 있다고."

이성계가 그 잘남을 주체하지 못해 흘리고 다니면 이지란이 쓸어 담았다고나 할까.

이런 일도 있었다. 우왕이 이성계와 이지란을 비롯한 신하들을 거느리고 사냥에 나섰다가 활쏘기 시합을 열었다. 백금 2촌(약 6센티미터)을 과녁 삼아 세워 두고 맞히는 경기였는데, 이성계가 대뜸 나서서 활시위를 당겼다. 당연히 명중. 우왕도 좋아하고 이성계도 의기양양했다. 그러나 이지란의 이맛살은 펴지지 않았다.

"형님 재주야 세상이 다 아는데 왜 그리 남에게 많이 보이십니까."

그것은 매우 통렬하고도 의미 있는 충고였다. 앞서 언급했듯 나라의 어른이라 할 최영이 "당신이 나라를 건졌다"고 최상의 찬사를 돌려 국가적 영웅이 된 판에 이성계를 시기하고 견제하는 이들이 없다면 이상한 일이었다. 당시의 권력자 이인임도 최영에게 이성계가 왕이 될 꿍꿍이셈을 품고 있다며 경고할 정도였다. 이런 상황에서 이성계가 임금 앞에 두각을 보이고 어깨에 힘을 줬으니 사람들의 시선이 얼마나 삐딱했을까. 이지란은 그 점을 짚고 있었다. 이성계는 이내 경솔함을 인정하며 이지란의 지혜에 탄복했다. 무릇 충고란 어려운 일이다. 그 충고가 아무리 진실하고 충정에서 비롯되었다 하더라도 신뢰와 도량 없이는 수용되기 어렵다. 이지란은 그만큼 이성계에게 크나큰 친구였고, 몸과 마음의 동반자였다.

이지란에 얽힌 이야기를 하나 더 해 보자. 이성계는 둘째 부인(훗날 신덕왕후 강씨)의 조카를 이지란에게 시집보내 이지란의 처고모부가 되었다. 그런데 난데없이 이인임이 이지란에게 새 장가를 권했다. 이성계의 첫째 부인과 둘째 부인의 지위가 동등했던 것처럼 당시 일부다처(첩이 아닌 정처)는 대수로운 일이 아니었다. 문제는 이인임이 소개한 여자가 품행이 불량하기로 고려 천지에 소문난 여인 윤 씨였다는 점이었다.

윤 씨는 판서(고려 후기의 정삼품 관직) 김세덕에게 시집갔다가

역사를 만든 최고의 짝

과부가 된 뒤 홍주 목사(지방관) 서의에게 재가하고 며칠 만에 부정을 저질러 내쫓긴 사람이었다. 이 일로 죄받을 처지에 놓였으나 그녀는 이인임에게 후한 뇌물을 주어 위기를 모면했다. 그런데 이인임은 엉뚱하게도 이지란에게 변방에서 세운 공로를 치하한다는 빌미로 윤 씨를 아내 삼게 했다. 이 비정상적인 치하는 무엇을 의미할까. 혼인 주선을 거절하거나 혼인 후 문제가 생겼을 경우 트집 잡아 이성계 세력을 공격하려는 함정을 팠던 것이 아닐까. 그런데 이지란은 이 말도 안 되는 혼담에 응했고, 그 후 파경에 이르는 일 없이 살았다. 신도비에도 정식 부인이 둘이었다고 기록되어 있다. 단 자식들은 이성계의 처조카 사이에서만 낳았다(이지란의 소심한 복수라면 지나친 표현일까).

이후로도 이지란은 벼슬이나 권력을 탐하기보다 오로지 이성계 개인에게만 충실했다. 이성계의 다섯째 아들이자 야심가 이방원이 고려 왕조의 마지막 충신 정몽주를 제거하고자 하는 뜻을 비쳤을 때 이성계는 크게 노하며 만류했다. 이때 이방원이 협조를 구한 사람이 이지란이었다. 이지란은 이성계의 진심이 정몽주를 해치지 않는 데에 있다고 보았다.

"공께서 아직 이 일을 모르시지 않는가."

끝내 정몽주가 암살된 뒤 이성계는 "약이라도 먹어 죽어 버리고 싶다"며 분노했다. 이지란의 판단이 옳았던 것이다.

하지만 이지란은 새 왕조를 뒤흔든 왕자의 난에서 이성계가 세자로 세운 막내아들 이방석이 아닌 이방원을 도움으로써 처음으로 이성계의 뜻을 거슬렀다. 이 때문에 이성계는 정치적, 심리적 타격을 받고 상왕으로 물러앉게 되는데, 이지란은 정종을 거쳐 태종 이방원이 즉위하자마자 벼슬을 내려놓았다. 마치 그가 태종 이방원을 도운 것은 새 왕조 조선에 그같이 강력하고도 지혜로운 임금이 필요했기 때문이었다고 토로하듯이. 자신의 부귀영화를 위해 그런 것이 아니었다는 듯이.

이후 고향 북청에 은거하던 이지란은 1402년(태종 2년) 일흔둘의 나이로 세상을 떠났다. 고려를 위해 반평생을 살았던 그는 눈감기 전 여진 풍속대로 장례를 치러 달라고 청한다. 몽골족, 여진족과 함께 살던 동북면 출신의 왕조임에도 조선 왕조는 빠르게 과거 동북면의 국제적 분위기와 결별했고, 여진족 또한 새 왕조 조선의 '오랑캐'로 전락해 가는 시기였다. 어쩌면 이에 대한 가벼운 항의의 뜻으로 남긴 마지막 청이었을지도 모르겠다. 그러면서도 그는 일생을 걸어 모신 형님이자 상관이 세운 나라 조선의 안녕을 기원하며 죽었다.

"조심조심 덕을 닦아 영원히 조선을 보전하소서."《태종실록》

우리 역사에 이름을 남긴 이민족과 귀화인은 많다. 과거 제도를 도입한 후주 출신의 쌍기, 일본군 출신으로 조선에 귀화해 공을 세운 김충선, 네덜란드인으로서 조선에 표착한 뒤 박연이라는 이름으로 평생을 산 벨테브레이 등이 그들이다. 그러나 그들 가운데 이지란만큼 우리 역사에 깊은 족적을 남긴 사람은 없다. 한 왕조를 개창한 무인의 심복으로서, 친구로서, 의형제로서, 처조카사위로서 이지란은 이성계의 영광을 위해 모든 것을 다 바쳤다. 아울러 이성계의 부족한 점을 메우고, 삐딱한 부분을 고이고, 넘치는 부분을 받아냈던 영혼의 동반자였다.

한겨울에도 시들지 않는
소나무와 잣나무처럼
김정희 ✱ 이상적

김정희

金正喜, 1786~1856년

조선 후기의 문신, 서화가. 당대 중국의 지식인들을
경탄시킨 뛰어난 학자이자 '추사체'라 불리는 독창적인
서체를 개발한 서예가로, 후대에 많은 영향을 줬다.

이상적

李尙迪, 1804~1865년

조선 말기의 문신, 역관. 여러 차례 중국을 왕래하며
당대의 저명한 문인들과 교류했고, 중국에서 시문집까지
간행했다. 스승 김정희의 영향으로 시, 골동, 서화 등에
조예가 깊었다.

1944년 여름, 태평양 전쟁은 막바지로 치닫고 있었다. 일본은 이미 패색이 짙었고 미군은 일본 본토에 무차별 폭격을 퍼부었다. 이런 전쟁 통에 한 조선인이 일본 도쿄를 방문했다. 나이 마흔둘의 서예가이자 미술품 수집가 손재형이었다. 목적지는 후지츠카 치카시의 집이었다. 후지츠카와 손재형은 구면이었다.

"또 그 얘기를 하러 온 건가요?"

후지츠카가 굳은 얼굴로 물었다. 그러자 손재형은 고개를 깊숙이 숙이며 대답했다.

"맞습니다. 제게 〈세한도〉를 팔아 주십시오."

후지츠카의 얼굴이 더욱 결연해졌다. 경성제국대학 교수를 지낸 그는 추사 김정희 마니아로 유명했고 〈세한도〉를 비롯한 추사의 작품들을 챙겨 일본으로 돌아왔다. 그런데 그중 가장 값지고도 사연 있는 작품, 자신도 아까워서 자주 꺼내 보지 않는 〈세한도〉를 달라니. 후지츠카의 눈썹이 꿈틀거렸다. 조선에 있을 때부터 〈세한도〉를 운운하며 성가시게 하던 이 조선인에게 후지츠카는 단호히 대꾸했다.

"절대로 안 되오. 그만 돌아가시오."

손재형은 의외로 선선히 물러나는 듯했다. 아쉬운 표정으로 일어나 하직 인사를 올리기에 웬일인가 싶었는데 손재형은 엷은 미소를 띠며 말을 이었다.

"내일 뵙겠습니다."

'내일'은 쉼 없이 계속되었다. 손재형은 하루도 빠짐없이 후지츠카를 방문해 똑같은 말을 되풀이했다.

"〈세한도〉를 주십시오. 〈세한도〉는 조선에 있어야 합니다."

그렇게 100여 일 동안 손재형은 후지츠카를 찾아와 머리를 숙였다.

"〈세한도〉를 주십시오. 돈은 원하는 대로 드리겠습니다."

마음이 누그러진 후지츠카는 '이미 내 몸이 쇠약하니 죽은 뒤 유언을 통해 당신에게 인도하마' 한발 물러섰으나 손재형은 막무가내였다. 그는 엎드린 채 눈물까지 뚝뚝 흘리며 〈세한도〉를 자신에게 팔아 달라고 간청했다. 마침내 후지츠카 지카시가 졌다. 대가도 없이 〈세한도〉를 손재형에게 넘긴 것이다.

"선비가 아끼던 것을 어찌 값으로 따질 수 있으리. 돈은 됐소. 보존만 잘해 주시오."

후지츠카가 조금만 더 결심을 늦추었더라면 우리는 영원히 〈세한도〉를 보지 못했을지도 모른다. 〈세한도〉를 양도한 직후 미군의 폭격으로 후지츠카의 집은 잿더미가 되어 버렸다. 이후 후지츠카 치카시는 아들에게 "조선의 보물은 조선으로 돌아가야 한다"는 유언을 남겼고, 그 아들은 2006년에 아버지가 모은 추사 친필 26점, 추사와 관련된 서화류 70여 점 등 우리나라 유물 총 1만여 점을 과천시에 기증하면서 현금 200만 엔까지 더해 왔다. 손재형의 정성에 대한 감동이 그 아들 대까지 이어진 것이리라.

〈세한도〉를 손에 넣은 손재형의 가슴은 심하게 고동쳤다. 화폭 속에는 겨울 칼바람이 쓸고 지나간 듯 황량한 여백에 얹힌 허름한 집 한 채가 흔들림 없이 섰고, 그 곁을 지키는 싱싱한 소나무와 잣나무 네 그루가 있었다. 추사 김정희의 필법과 화법을 동시에 볼 수 있는 이 귀물 중에 귀물. 손재형은 당대 석학이자 독립운동가였던 정인보와 이시영, 그리고 오세창에게 〈세한도〉를 보이고 이들로부터 발문을 받았다. 이 세 사람의 발문은 〈세한도〉에 바쳐진 마지막 배관기拜觀記, 즉 '절하면서 그림을 본 기록'이다. 이 앞에는 김정희의 애제자이자 한때 〈세한도〉를 소장했던 김석준과 청나라 명사 열여섯 명이 남긴 감상이 줄줄이 붙어 있었다. 그래서 〈세한도〉를 다 펼치면 그 길이가 무려 14미터에 달한다.

물론 이 길디긴 화폭에 처음으로 글씨를 쓴 이는 김정희다. 예서

체로 쓴 제목 "세한도歲寒圖" 옆으로 "우선시상藕船是賞" 네 자가 쓰여 있다. 여기서의 '우선'은 이상적이라는 이의 호다. 즉 '이상적은 이 그림을 감상하시라'라는 제목이면서 이 〈세한도〉가 이상적을 위해 그려졌다는 김정희의 선언이다. 이상적은 어떤 연유로 〈세한도〉의 주인공이 되었던 것일까.

유배당한 조선의 천재

추사 김정희는 경주 김씨다. 경주 김씨는 영조의 후비인 정순왕후 김씨의 집안으로, 한때 세도를 부렸으나 정조 이후 등장한 안동 김씨 세력에게 밀려나는 집안이다. 그러나 김정희가 과거에 급제할 때만 해도 조정에서 축하를 보내올 만큼 위세 높은 가문이었다.

김정희는 젊어서부터 천재 소리를 들었으며 총명한 만큼이나 지적 욕구가 그득한 사람이었다. 십 대 때 북학파의 태두라 할 박제가의 제자가 되어 스승이 교유한다는 청나라 지식인들의 이야기를 들어 왔다. 자연스레 자신도 청나라에 들어가 스승 박제가처럼 쟁쟁한 청나라 학자들을 만나게 될 날을 꿈꿨다. 그의 심경을 노래한 시가 남아 있다.

갑자기 특별한 마음 일어나니

사해에서 지기를 얻고 싶노라

혹여 마음 통하는 사람 얻게 된다면

그를 위해 한 번 죽음도 안될 일 없다

하늘 아래 이름 있는 선비 많다 하니

부러움 끝이 없구나

　1801년, 네 번째로 북경을 방문한 박제가는 제자가 지은 시를 청나라 학자 조강에게 보였다. '요즘 이런 아이가 내 밑에서 열심히 공부하고 있다네' 하며 어깨도 족히 으쓱거렸으리라. 간절한 마음으로 연행, 즉 북경을 가 보고 싶어 하던 김정희에게 기회가 왔다. 아버지 김노경이 청나라에 가는 사신으로 뽑힌 것이다. 1809년에 김정희는 사신 수행원으로 자원해 압록강을 넘었다. 김정희의 나이 스물네 살이었다.

　그곳은 신천지였다. 고루한 성리학에 사로잡힌 조선 선비 사회에서는 행여 다른 생각이라도 할라치면 사문난적(성리학에서 교리를 어지럽히고 사상에 어긋나는 언행을 하는 사람을 일컫는 말)으로 몰리기 일쑤였으나 북경은 완전히 달랐다. 볼 것도 많고 만날 사람도 많았다. 우선 김정희는 당대 청나라의 대학자 완원과 사제 관계를 맺었다. 김정희의 아호는 일흔두 개에 달하는데 그 가운데 '완당阮堂'이라는 호는 '완원의 제자'임을 뜻하는 것이다. 또 당시 금석학 일인자였던 옹방강의 초대를 받아 그가 모으고 보유했던 진귀한 자료를

직접 대면했을 때 김정희는 그야말로 새 세상을 본 느낌이었다.

이 신선한 만남을 통한 에너지 때문이었을까. 그는 조선 곳곳에 널린 옛 비문들을 찾아 과거 여행에 나섰다. 그때 발견한 것들 중 가장 유명한 것은 북한산 비봉 정상에 오랫동안 방치되어 왔던 진흥왕 순수비다. 한강 유역을 차지하고서 새 영토를 굽어보던 신라 진흥왕의 웅혼한 흔적을 김정희가 1,300년 만에 밝혀냈다. 이후 그는 각지에서 문무왕비, 무장사비 등 옛 비분들을 연달아 발견했고 그 비문을 탁본으로 떠 청나라에 보냈다.

당시 청나라 주류 학문은 고증학이었기에 김정희가 보내온 탁본은 대단한 화제를 모았다. 김정희는 청나라에서 이름을 드날리는 몇 안 되는 조선 사람이 된다. 굳이 비유하자면 '한류 스타'였던 셈이다. 김정희의 동생 김명희가 청나라에 갔을 때 청나라 사람들이 형의 이름에 경의를 표하는 것을 보고 놀란 것도 무리가 아니었다.

김정희는 서른네 살에 문과에 급제해 승승장구했다. 하지만 1830년, 그의 탄탄대로에 어두운 그림자가 드리웠다. 윤상도라는 이의 옥사(반역과 같은 크고 중대한 범죄 사건)에 아버지 김노경이 연루되어 고금도로 유배되었다가 돌아와 이내 세상을 떠난 것이다. 집안의 기둥이 부러지는 충격이었다. 하지만 김정희 가문에 대한 임금의 신뢰는 여전히 높아서 김정희는 이후로도 벼슬살이를 했고, 1840년 그의 나이 쉰네 살에 다시금 중국에 사신으로 갈 기회를 얻었다. 머리는 반백이었으나 김정희의 가슴은 또 한 번 시푸르게 젊어졌을 것이다. 무려 30년 만의 기회 아닌가. 과거를 더듬으며 만날 사람을 꼽고 사행길에 얻어야 할 책들을 정리해 보며 북경으로 떠날 날을 기다리던 그에게 뜻밖의 일이 벌어졌다. 10년 전 아버지를 옭아맸던 윤상도 사건의 책임론이 또 다시 불거지면서 그만 귀양길에 오르고 만 것이다.

북경은커녕 제주도에서도 가장 험한 고장이라는 대정에서 김정희는 귀양살이를 하게 된다. 세도 가문에서 자라 탄탄대로를 걸었던 김정희에게는 큰 고통이었다. 입도 까다로웠는지 먼 귀양지로 음식을 보내 달라고 통사정하는 편지를 집에 보내곤 했는데 내용을 들여다보면 슬그머니 웃음이 나온다.

"기껏 해서 보낸 반찬거리는 마른 것 외에는 모두 상해서 먹을 길이 없습니다. (…) 서울에서 보낸 김치는 워낙 소금을 많이 친 것이라 맛이 변하기는 했지만 그래도 김치에 주린 입이라 견디며 먹습니다. (…) 작은 고기와 쇠고기포는 관계치 않습니다. 어란 같은 것이나 그 즈음에서 얻기 쉬운 것이 있으면 보내 주십시오."[1]

사실 입에 맞지 않는 음식, 불편한 잠자리만큼이나 김정희를 괴롭힌 것은 고립감이었다. 한때 산지사방을 누비고 수천 리 밖 중국 학자들과 함께 호흡하며 수많은 선비, 중인과 교유하던 김정희가 졸지에 궁벽한 섬의 가시울타리 속에 갇혀 버렸다. 주변엔 온통 밭갈이하는 농부와 고기잡이밖에 모르는 어민, 깐깐한 군관 들뿐이었다. 입이 있으되 할 말이 없고, 할 말은 있어도 이야기 나눌 사람이 없는

19세기 조선에는 유력한 세 가문이 있었다. 22대 임금 정조의 총애를 받고 다음 왕 순조의 장인이 되는 김조순 가문이자 후일 조선을 좌지우지하게 되는 세도가 안동 김씨, 그리고 순조의 아들 효명세자의 외척 가문이었던 풍양 조씨, 그리고 영조와 왕비 정순왕후 김씨를 배출한 경주 김씨다.

정조의 아들 순조가 열한 살의 어린 나이에 즉위하자 영조의 후비, 즉 순조의 할머니뻘이었던 정순왕후 김씨가 수렴청정을 하게 되면서 경주 김씨 가문이 권력을 잡았다. 그러나 순조가 장성해 정순왕후가 물러앉고 순조의 처가인 안동 김씨 가문이 조정을 장악했다. 순조의 아들 효명세자는 아버지 순조를 대신하여 나랏일을 보면서 김로, 김노경(김정희의 부친) 등을 중용했는데 효명세자가 갑자기 세상을 떠난 후 이들은 세자를 등에 업고 설친 무리로 지목돼 안동 김씨에게 밀려나게 된다. 김정희의 아버지 김노경이 고금도에 귀양을 간 것은 그 때문이었다.

그런데 그와 비슷한 시기 윤상도라는 이가 호조판서 박종훈과 어영대장 유상량 등을 터무니없이 모함하는 상소를 올렸다가 순조의 노여움을 사 추자도로 귀양 가는 사건이 있었다. 이 사건은 10년 뒤 더욱 터무니없이 부활한다. 김우명, 김홍근 등 안동 김씨들이 이 사건을 재론하면서 윤상도의 배후에 김노경과 김정희 부자 등이 있다고 고발한 것이다. 이른바 윤상도의 옥사다. 이는 김정희 부자를 포함한 경주 김씨 세력을 제거하기 위한 정치적 음모였다는 설이 유력하다. 윤상도는 귀양지에서 끌려 올라와 능지처참당했고 김정희는 무려 여섯 차례의 고문을 겪은 뒤 제주도로 귀양을 떠나게 된다.

막막한 유배객에게 반찬 투정 외에는 할 일도 없지 않았을까.

시절의 파도를 넘어

귀양 온 지 몇 해가 지난 1843년 어느 날, 김정희 앞으로 예정에 없
던 짐이 가득 왔다. 몸을 일으켜 짐꾼들을 맞은 김정희의 눈은 커지
고 목소리는 떨려 나왔다.

"아니 이게 무엇인가."

모두 책이었다. 짐꾼들은 볼멘소리로 대답했다.

"까막눈인 소인들이 뭔지 알 턱이 있습니까요. 한양 사역원(통
역관 교육 및 업무를 맡아보던 기관)에서 보낸 겁니다요. 귀한 것이니
바닷물이나 바람에 상하지 않게 하라 어찌나 신신당부하시던지 저
희도 신경이 곤두섰습니다요."

사역원이라는 말을 듣자마자 김정희의 입에서 어떤 이름 하나
가 튀어나왔다.

"오오, 우선!"

책을 보낸 이는 우선 이상적이었다. 김정희 앞에 놓인 책들은 그
가 오래전부터 탐해 마지않던 《만학집》과 《대운산방문고》였다. 청
나라 스승 완원의 아들에게까지 서신을 보내 간청했으나 구하기
어렵다는 회답에 실망을 금하지 못했던 책들이었다. 그런데 그 책

들이 조선 땅 삼천리를 가로지르고 거친 파도를 넘어 제주도에서도 가장 험하다는 대정 땅 귀양지에 떡하니 도착한 것이다. 이상적만이 줄 수 있는 선물이었다. 김정희는 눈물이 그렁그렁한 채 책들을 더듬었다. 제자이자 문우라 할 이상적과의 추억이 따뜻하게 묻어났다.

1830년 겨울, 김정희의 아버지 김노경이 고금도로 귀양을 갔던 해였다. 땅이 꺼져라 한숨을 쉬고 있던 김정희의 집에 한 역관(통역을 맡아보는 관리)이 찾아왔다. 유능한 역관이었을 뿐만 아니라 헌종 임금이 그의 시를 애송했다 할 만큼 시인으로서도 출중했으며 중국에서도 그 문집이 출간될 정도의 인재였으나 항상 김정희에게 머리 숙이고 가르침을 청하던 이상적이었다. 그때 이상적은 부친의 귀양에 상심해 있던 김정희에게 이런 시로 위로를 전했다.

아침 햇살 흐릿한 성곽 너머로
눈서리 뒤엉킨 드넓은 들판
지독한 추위는 풀리지 않고
남은 겨울을 옥죄고 있다.
모랫길 찾으면서 걸어가는데
얼음은 돌멩이와 뒤섞여 있고
빈 강의 찬 가운은 눈을 찌르며
드넓은 유리 빙판 덮어 버린다.

주막 깃발 나부끼는 깊은 마을엔

고깃배 얼어붙어 멀리 갈 수 없지만

파교로 매화를 찾아 나서면

시인을 만날 수도 있을 듯하다

그 옛날 왕휘지는 친구 찾아 나섰다

부질없이 섬계에서 배를 돌려 왔었지.

저기 저 한겨울의 나뭇가지 위로는

바람 속에 까치가 맴돌고 있다.*

이 시에 등장하는 '왕휘지'는 유명한 중국 서예가 왕희지의 아들이다. 어느 날 그는 섬계라는 곳에 사는 친구가 보고 싶어져 밤새 노를 저어 갔다가 새벽이 밝아 올 무렵 친구 집 근처에 이르러 돌연 배를 돌렸다. '흥이 나지 않는다'는 것이 그 이유였다. 친구가 보고 팠으나 막상 친구 집에 당도하고 보니 그럴 기분이 사라져 배를 돌렸다는 고사를 인용한 것이다.

　이건 무슨 뜻일까. 어쩌면 이상적 역시 불안했는지도 모른다. 김정희의 아버지 김노경이 절해고도로 유배된 사건은 뒷날 그 사건의 중심인물 윤상도가 능지처참을 당할 만큼 심각한 사건이었다. 이런 상황에서 김정희를 찾아가 위로한다는 것은 이상적에게도 대단한 부담일 수밖에 없었다. 누군가에게 역모 또는 그에 준하는 혐의가 씌워질 경우, 주변 친구들까지도 의금부에 끌려 들어가 형틀에 묶

이는 경우가 다반사인 시절이었다. 김정희에게 가는 길에 여러 번 발길을 돌릴까 말까 망설였을 테지만 이상적은 왕휘지가 아니었다. 아무도 김정희를 찾지 않는 겨울 끝 입춘 즈음, 이상적은 김정희에게 봄처럼 다가왔다.

"얼마나 상심이 크십니까."

기쁠 때 함께 축배를 든 친구보다 어려울 때 손잡아 준 친구가 훨씬 더 기억에 남는 법이다. 김정희는 크게 감격했다. 더구나 이상적은 역관으로서 북경을 막 다녀온 참이었다. 여독도 풀리지 않은 몸으로 한겨울 바람을 헤치고 자신을 찾아 늘 가슴에 담고 있던 북경의 새 소식을 도란도란 전해 주는 이상적이 김정희는 얼마나 고마웠을까.

이로부터 또 10년. 10년 전 자신의 아버지처럼 국토의 끝 제주도에 귀양 와서 처참함을 곱씹던 김정희에게 따뜻하다 못해 뜨거운 피가 살아 흐르는 듯한 이상적의 선물이 당도했다. 김정희는 책장을 넘기면서 거듭 눈가를 닦아 냈다. 그 귀한 책장에 눈물 자국을 남길 수는 없었다.

걸작이 된 우정

김정희는 여느 날보다도 정성스럽게 먹을 갈고 종이를 폈다. 귀양지 오막살이에 들이치는 바닷바람이 귓전을 울렸으나 김정희의 마음은 푸르른 소나무처럼 꼿꼿했다.

"오늘 이 마음을 담으리라."

김정희는 필치 하나 획 하나에 모든 것을 쏟아부어 한 폭의 그림을 그려 나갔다. 그는 평소 "문자향 서권기文字香 書卷氣"라는 표현을 즐겨 썼다. 문자의 향기와 서책의 기운, 즉 책을 많이 읽고 교양을 쌓으면 그것이 그림과 글씨에서 드러난다는 뜻이었다.

"평생 열 개의 벼루를 밑창 내고, 천 자루의 붓을 몽당붓으로 만들었네"라고 자랑했던 김정희는 필생의 붓놀림으로 〈세한도〉를 창조했다. 그림으로는 모자랐던지 다시 손목을 바로 하고 한 자 한 자 글씨를 써 내려갔다.

"지난해에《만학집》과《대운산방문고》두 책을 보내 주더니, 올해에는 하장령의《경세문편》을 보내왔다. 이들은 모두 세상에 늘 있는 게 아니고 천만 리 먼 곳에서 구입해 온 것들이다. 여러 해를 걸려 입수한 것으로 단번에 구할 수 있는 책들이 아니다."*

선물을 받았을 때 이 사람이 나를 위해 얼마나 노고를 들였는지, 내가 이 사람에게 얼마나 중요한 사람인지 느껴지는 순간 선물은 사람과 사람의 마음을 잇는 다리가 되고 평생 잊지 못할 우정의 징표가 된다. 김정희는 귀한 책 너머 이를 찾느라 발이 부르트고 적잖은 값을 치렀을 이상적의 정성을 헤아리고 있었다.

"세상의 풍조는 오직 권세와 이권만을 좇는데, 그 책들을 구하기 위해 이렇게 심력을 쏟았으면서도 권세가 있거나 이권이 생기는 사람에게 보내지 않고, 바다 밖의 별볼일없는 사람에게 보내면서도 마치 다른 사람들이 권세나 이권을 좇는 것처럼 하였다."*

잘나가는 역관 이상적이라면 얼마든지 고관대작과 어울리고 그들에게 귀한 책들을 바치며 자신의 입지를 구축할 수도 있었다. 하지만 이상적은 '바다 멀리 초췌하게 시든' 사람에게 '잇속을 좇듯이' 책들을 보낸 것이다. 글이 더해 갈수록 추사의 마음도 격해졌다.

"공자께서는 '겨울이 되어서야 소나무와 잣나무가 시들지 않는다는 것을 알게 된다'고 하였다. 소나무와 잣나무는 사시사철 시들지 않는다. 겨울이 되기 전에도 소나무와 잣나무이고, 겨울이 된 뒤에도 여전히 소나무와 잣나무인데, 공자께서는 특별히 겨울이 된 뒤의 상황을 들어 이야기한 것이다. 지금 그대가 나를 대하는 것은 이전이라고 해서 더 잘하지 않았고 이후라고 해서 더 못하지도 않았다. 그러나 이전의 그대는 칭찬할 게 없었지만 이후의 그대는 성인의 칭찬을 받을 만하지 않겠는가? 성인이 특별히 칭찬한 것은 단지 시들지 않는 곧도 굳센 정절 때문만이 아니다. 겨울이 되자 마음속에 느낀 바가 있어서 그런 것이다."*

김정희는 이상적에 대해 "성인에게도 일컬음을 받을 만하다"라고 극찬하며 그림 속 소나무와 잣나무를 이상적의 일관된 선의에 비겼다. 하지만 동시에 이는 자신에 대한 다짐이기도 했다. 비록 만물이 숨을 죽이고 흰 눈이 세상을 덮은 겨울이라 하더라도 세상 한

편에서 푸르름을 잃지 않으리라는 선비로서, 귀양객으로서, 그리고 자존심 드높은 지식인으로서의 결의가 〈세한도〉에 담겨 있었다. 소나무와 잣나무가 각각 두 그루인 이유다. 즉 〈세한도〉의 주인공은 이상적이면서 김정희였다. 〈세한도〉를 창조한 것은 김정희였으나 그 원천을 제공한 것은 이상적이었고, 이상적에게 감사한 만큼 김정희는 자신을 가다듬었다. 이상적의 배려와 김정희의 감응이 희대의 걸작을 창조해 낸 것이다. 이윽고 김정희는 한 조각 붉은 마음을 드러내듯 "장무상망長毋想忘"이라 새긴 낙관을 찍었다.

"오랫동안 잊지 마세나."

〈세한도〉에 더해진 마음들

바다를 건너와 자신의 눈앞에 펼쳐진 한 장의 종이, 거기에 담긴 글과 그림 앞에서 이상적은 몸을 떨며 감격한다. 그의 답신이다.

"〈세한도〉 한 폭을 엎드려 읽으려니 저도 모르게 눈물이 흘러내립니다. 어찌 이렇게 분에 넘친 칭찬을 하셨으며 감개가 절절하셨단 말입니까? 아! 제가 어떤 사람이기에 권세나 이권을 좇지 않고 스스로 초연히 세상의 풍조에서 벗어났겠습니까? 다만 보잘것없는 제 마음이 스스로 그만둘 수 없어 그런 것입니다."*

이상적은 그 감격에 겨워 눈물만 흘릴 사람이 아니었다. 그는 편지에 이렇게 덧붙인다.

"이 그림을 갖고 연경에 가서 표구하여 옛 지기분들에게 보이고 시문을 청할까 하옵니다."

젊은 날의 김정희를 알아주고, 격려하고, 시를 나누었던 옛 지기들에게 〈세한도〉를 보이고 시문을 청한다는 것은 곧 수천 리 바다와 육지를 넘어 늘그막의 김정희와 북경 옛 친구들을 이어 보겠다는 뜻이었다. 그렇게 〈세한도〉는 이상적과 쟁쟁한 청나라 선비들의 글이 더해진 희대의 보물로 다시 태어난다.

"김군(김정희)은 바다 밖의 뛰어난 영재, 일찍부터 그 명성 자자했다네. 명성은 훼손되어 갈 곳도 없고 세상의 그물 속에 걸려들었네. 도도하게 흘러가는 세속을 보니 선비의 맑은 정신 누가 알리오? 풍진 속 세상을 개탄하다가 일찍이 어진 친구 알게 되었네. 높은 의리 돈독하긴 언제나 같고 겨울에도 그 맹세는 변함이 없네. 소나무와 잣나무를 닮아서인지 타고난 성품마저 곧고 단단해. 시들지 않는 바탕 그림 그려서 도타운 그 우정에 보답하였네."*(청나라 학자 반증위의 발문)

"우선이 김추사 선생이 그린 〈세한도〉를 보여 주며 제영을 부탁했다. 급히 율시 두 수를 짓고, 추사 선생과 한묵翰墨(글을 짓거나 씀)을 통한 마음으로의 교유를 생각했다. 언세쯤이나 얼굴을 볼 수 있을지 알 수 없으니 더욱 슬플 따름이다."*(청나라 학자 장요손 발문)

이상적의 따뜻한 마음이 아니었더라면, 또 김정희의 곧은 품성과 천재적인 재능이 없었다면 〈세한도〉는 결코 그려지지 않았을 것이다. 더하여 이상적이 아니었다면 〈세한도〉는 청나라 학자들의 찬미를 받는 영광을 누리지 못했을 것이며, 아울러 한 시대의 획을 그은 천재 김정희였기에 이상적으로 하여금 그 모든 일을 해내게 할 힘을 줄 수 있었을 것이다. 이상적의 말이다.

"황량한 벌판에 고고히 서 있는 소나무와 잣나무. 꺾이거나 낙엽지지 않고 버틸 수 있는 스승님의 의연한 자태. 그것은 그 어떤 세파에도 굴하지 않으며 누구의 험구에도 변명하지 않고 당당히 버티고 있는 일편단심의 자태입니다."[3]

다시, 〈세한도〉가 광복을 맞은 고국으로 돌아왔을 때로 가 보자. 앞서 말했듯 손재형은 세 명사에게 〈세한도〉를 보이고 배관기를 청했다. 이시영, 정인보, 오세창. 그 가운데 오세창의 감회는 더욱 충만했을 것이다. 오세창은 역관 가문 출신으로, 그 아버지 오경석이 바로 이상적의 제자였다. 아버지의 사부의 사부 김정희와 아버지의 사부 이상적이 함께 그려 내고 완성한 〈세한도〉 앞에서 오세창의 심경은 어떠했을까. 오세창은 그 마음을 이렇게 표현했다.

"마치 죽은 친구를 일으켜 세워 악수하는 듯*하다."

황천에서 시를 나누고 있을 추사 김정희와 우선 이상적도 몸을 일으키며 함께 웃었으리라.

"스승님, 〈세한도〉가 제 있을 곳으로 돌아갔습니다."

"그렇군. 참으로 다행한 일이네. 나 죽었다는 소식을 듣고 자네가 읊조린 시 생각이 나는군. '평생에 나를 알아준 건 수묵화였네.
흰 꽃심의 난꽃과 추운 시절의 소나무.' 이제 추운 시절은 끝내고 저
소나무들도 따스한 날들을 맞이해야 하지 않겠는가."

참고문헌

1 김권섭, 《선비의 탄생》, 다산초당, 2008.
2 정시천, 〈소나무와 잣나무의 강한 정신력을 유지하다〉, 《프리미엄 조선》, 2015.

이 글은 박철상의 《세한도》(문학동네, 2010)를 주로 참고했습니다. 인용한 문장은
* 표시를 했으며 31쪽, 165~166쪽, 183쪽, 221~222쪽, 234쪽, 236쪽에서 가져왔습니다.

의사를 꿈꾼 조선 소녀의
영원한 동반자
김점동 ✕ 박유산

김점동

박에스더 金點童, 1877~1910년

한국 최초의 여의사. 이화학당을 졸업하고
미국 기독교 선교 여의사들의 도움을 받아 미국
볼티모어여자의과대학에서 유학했다. 남편 박유산의
헌신적인 뒷바라지로 의사가 되어 조선의 수많은
환자를 돌봤다.

박유산

박여선 朴汝先, 1868~1900년

아내 김점동과 함께 미국으로 건너가 김점동이 오로지
학업에만 집중할 수 있도록 온갖 수고를 마다하지
않았다. 김점동이 의학 박사 학위를 받기 20여 일 전
폐결핵으로 세상을 떠났다.

1886년 초겨울이었다. 열 살쯤 되어 보이는 여자아이가 아버지 손에 붙들려 정동길을 걷고 있었다. 1882년 미국과 수호 조약을 맺은 후 조선은 서양 각국과 수교했다. 이때부터 자연스레 정동은 외국인들의 집단 거주지가 되어 갔다. 궁궐과 가까울뿐더러 한양에서 인천항으로 향하는 길머리가 바로 정동이었던 것이다. 서양식으로 차려입은 외국인 신사와 숙녀 들이 아이의 곁을 분주히 지나갔다. 이런 풍경이 아이에게는 호기심보다도 두려움을 더 크게 부추긴 모양이었다. 아이는 울먹임 섞인 목소리로 아버지에게 물었다.

"아버지, 괜찮은 거지요?"

"아무렴 그렇고말고. 정말 좋으신 분들이라니까."

아버지는 딸을 안심시키려는 듯 짐짓 과장된 목소리로 대꾸했다. 아이는 고개를 끄덕이면서 아버지의 보폭에 맞춰 종종걸음을 치다가 또 문득 멈추고 똑같은 질문을 했다.

"아버지, 정말 괜찮은 거지요?"

아버지는 딸을 달래며 발걸음을 재촉했다. 그렇게 정동길을 따라 오르던 부녀는 한 기와집 앞에서 발걸음을 멈췄다. 더 창백해진 딸에게 아버지가 다정한 목소리로 말했다.

"점동아, 여기가 이화학당이다. 이 학당의 이름은 주상 전하와 중전 마마께서 내려 주신 거야. 그러니까 임금님께서 여기를 좋은 곳이라고 인정하신 거란다. 알겠니?"

마지못해 아버지의 손에 이끌린 아이가 건물 안으로 들어갔다.

이화학당의 네 번째 배꽃

"어서 오시오."

조선 말이긴 하나 조선 말이라고 하기에는 많이 어색한 발음이 들려왔다. 메리 스크랜턴 부인이었다.

1832년 미국 매사추세츠주에서 목사의 딸로 태어난 그녀는 의사인 아들 윌리엄 스크랜턴과 함께 일생의 결단을 내렸다. 선교사가 되어 듣도 보도 못한 은자의 왕국 조선에 가기로 결심한 것이다. 이들 모자가 조선에 발을 디딘 것은 1885년이었다. 갑신정변의 회오리가 몰아친 것이 전해였고 임오군란의 분노가 터진 것이 3년 전이었다. 조선의 정국은 극히 불안했으며 외국인에 대한 눈길은 곱지 않았다. 어떻게 하면 선교를 효율적으로 펼칠 수 있을까 고민하던 스크랜턴 부인은 특별한 아이디어 하나를 냈다.

"그해 10월 정동의 초가집 아홉 채와 나대지 6,000여 평을 매입했다. 이 나라의 부녀자들을 위해 무슨 사업을 하려는 생각에서였다. 그달 9일 아펜젤러 부인이 애기를 낳았다. 이 애기는 훗날 이화여전의 교장이 된 엘리스 아펜젤러인데 그날 밤은 어찌나 추웠던지 애기를 자리에 눕히지 못하고 밤새 스크랜턴 부인이 안고 재웠다. 이때 부인은 이렇듯 추운 방에서 고생하는 한국의 어머니들과 애기들을 위해 이 나라 여성을 가르칠 학교를 세워야겠다는 생각이 불현듯 일어났던 것이다."(〈국민일보〉, 1992년 1월 8일자)

여자는 온전한 사람으로 치지 않던 시절이었다. 한글은 여자나 쓰는 글이라며 '암클'이라고 비하하던 나라였지 않은가. 그런 세상에서 노란 머리에 푸른 눈을 한 '양도깨비' 외국인이 조선 여자를 가르친다는 것은 가히 있을 수 없는 일이었다.

그러던 중 뜻밖의 일이 일어났다. 어디에든 진취적인 인물이 있어 물꼬를 트는 법. 외국어를 배워 장차 왕비의 통역관이 되어 보겠다는 어느 관리의 소실이 학당 문을 두드린 것이다. 1886년 5월 31일이었다.

이름도 알려지지 않은 이 '김 부인'은 이화학당의 첫 번째 학생으로 기록된다. 하지만 3개월 만에 병으로 학업을 그만둔다. 두 번째 학생은 '절대 미국으로 데려가지 않는다'는 약속을 내걸고서야 가르칠 수 있었던 가난한 집 딸아이였고, 세 번째 학생은 콜레라 환자들 틈에서 거둬 온 여자아이였다.

이렇게 어렵사리 학생들을 모아야 했던 이화학당에서 김점동은 네 번째로 피어난 배꽃이었다. 그녀의 아버지는 배재학당을 설립한 선교사 아펜젤러의 집에서 잡무를 보며 '양도깨비'에 대한 공포를 일찌감치 떨쳐 낸 사람이었다. 그런 그가 이화학당에 데려온 아이는 얼굴도 안 보고도 데려간다는 셋째 딸. 얼굴에 점이 있고, 남동생을 보았으면 하는 바람을 담아 '점동'이라 이름 붙였던, 참으로 조선스러운 이름의 소녀 김점동은 이화학당에서 신학문을 배우기 시작한다.

아버지는 서양인에 친숙했다지만 딸 김점동도 그런 것은 아니었다. '아이들 눈깔을 빼 먹는다'는 서양 귀신에 대한 공포가 가슴 한편에 자리 잡고 있었다. 뒷날 김점동은 이렇게 회고했다.

"매우 추운 날씨여서 부인이 나를 난로 가까이 오라고 했는데 나는 부인이 나를 난로에 집어넣어 태워 버릴 것만 같아 두려웠다. 그러나 부인의 친절하고 아름다운 얼굴이 그런 생각을 떨쳐 버리게 하였다."[2]

조선 소녀, 벽을 뛰어넘다

다행히 김점동은 공부를 하면서 그 모든 공포를 잊게 된다. 한글, 영어, 산수 등 배우는 족족 그야말로 스펀지가 물 빨아들이듯 흡수했고, 특히 영어에서 두각을 나타냈다. 선교사들과 자유로이 대화를 나눌 정도로 영어 실력을 키운 김점동은 스크랜턴 부인이 세운 한국 최초의 여성 전문 병원 보구여관(오늘날의 이화여자대학교부속병원)의 통역을 맡게 되었다.

그때까지만 해도 그녀는 의사라는 직업을 선망하지 않았다. 허구한 날 살을 째고 뼈를 붙이고 비명과 신음 속에 살아야 하는 일이 곱게 보이지 않았던 것이다. 그러던 어느 날, 딱 보기에도 상태가 심각한 언청이 소녀가 부모와 함께 보구여관을 찾았다.

"이것도 고칠 수 있을까요?"

언청이 소녀는 김점동 앞에서 눈물만 글썽였다. 아무리 서양 의사라 해도 별 수 없을 것 같았다. 그런데 보구여관에서 근무하던 여의사 로제타 홀은 뜻밖에 선선했다.

"에스더(김점동의 세례명)! 수술 준비하라고 얘기해 줘."

"로제타 선생님, 저 소녀를 고칠 수 있으세요?"

"수술해 봐야 알겠지만 아주 불가능할 것 같진 않은데."

수술은 성공적이었다. 소녀와 소녀의 부모는 눈물을 펑펑 쏟으며 감사해했다. 소녀의 일생은 앞으로 크게 달라지리라. 그런데 그 순간 인생이 바뀐 것은 언청이 소녀만이 아니었다. 그때껏 의사 일을 싫어라 하던 열다섯 살 소녀 김점동의 마음에도 거대한 파문이 일었다.

"나도 의사가 되겠다."

하지만 조선 소녀가 의사의 길로 달려가기에는 장애물이 너무 많았다. 우선 그녀의 나이가 문제였다. 당시로는 '결혼 적령기'였다. 요즘은 사십 대가 되어 결혼하는 경우도 많지만 조선 시대에 나이 마흔이면 손자도 볼 나이였다. 여자 나이 열여덟을 넘으면 그 부모는 혼처 마련에 조급해질 때였고, 스물을 넘겨서도 결혼하지 않으면 뭔가 문제가 있다고 여기던 시절이었다. 김점동의 집안도 예외는 아니었다.

"의사는 뭘 의사. 빨리 시집이나 가거라."

환자들까지 의아한 표정으로 물었다.

"아니 왜 처자는 시집을 안 가우?"

마침내 조급해진 김점동의 어머니는 선교사들에게 폭탄선언을 하기에 이르렀다.

"여러분이 에스더의 신랑감을 찾아 주지 않으면 하나님을 믿지 않는 남자에게라도 결혼시킬 수밖에 없어요!"

기껏 가르쳐 놓은 조선 여성을 집안일에 메인 보통의 조선 며느리로 만들 수는 없었다. 사태의 심각성을 깨달은 선교사들도 에스더 신랑 구하기에 나섰다. 김점동과 함께 일하던 의사 부부 로제타 홀과 윌리엄 홀이 한 사람을 소개했다.

"박유산이라는 조선 청년이 있는데…."

원래 이름은 박여선이었으나 선교사들의 영어식 발음으로 '박유산'이 돼 버린 그는 윌리엄 홀의 마부로 일하는 사람이었다. 윌리엄 홀과 함께 이곳저곳을 다니면서 기독교에 감화되어 세례를 받았다. 윌리엄 홀은 박유산을 에스더의 신랑감으로 염두에 두고서 넌지시 물었다.

"하나님을 섬기는 여자가 좋겠느냐, 바느질 잘하고 음식 잘하는 여자가 좋겠느냐."

박유산이 전자라고 대답하자 윌리엄 홀은 만면에 미소를 띠었다.

"이만하면 됐다."

그러나 난관은 여러 겹이었다. 김점동부터가 문제였다. 김점동은 남자를 만나고 가정을 꾸리는 일에 관심이 없었다. 더욱이 서로의 뜻과 감정에 따른 결혼이 아니라 누군지도 잘 모르는 상대의 남편과 아내가 되어야 하는 조선식 결혼을 극도로 혐오했다. 그럴 수밖에 없었을 것이다. 새로운 세상의 빛을 본 사람이 어찌 예전의 어둠으로 돌아가길 원하겠는가. 당시 김점동은 이렇게 토로하기도 했다.

"결혼하기 싫어서 차라리 죽어서 천국에 가고 싶은데 하나님이 천국을 남성용과 여성용을 나누어 두 개로 만들어 주셨으며 좋겠다."[3]

홀 부부는 자신들의 행복한 결혼 생활이 김점동에게 위로가 되기를 바랐으나 에스더는 여전히 떨떠름했다. 19세기 말 조선 여성에게 결혼이란 어떤 무게였을까를 상상해 보면 그 이유는 충분히 짐작된다. 하지만 김점동에게 선택의 여지는 많지 않았다. 이러다가 어머니의 협박대로 믿음 없는 남자에게 시집보내지기라도 하면 어찌한단 말인가. 결국 결혼을 해야 한다면 박유산밖에 없었다.

그다음 난관은 박유산의 신분이었다. 그래도 서울에서 행세깨나 했고 광산 김씨 양반 가문이라는 자존심이 살아 있던 김점동의 집안 사람들은 박유산을 달가워하지 않았다.

"우리 가문 체면이 있지. 아버지가 훈장이라고는 하지만 집 나온 떠돌이에 선교사 마부하던 친구를⋯."

신식 교육까지 받은 딸이었으니 한층 더 번듯한 혼처를 생각했으리라. 여기에 김점동이 오금을 박았다.

"저는 남자를 한 번도 좋아해 본 적이 없어서 사흘 동안 고민 때문에 잠을 자지 못했습니다. 저는 바느질도 잘하지 못합니다. 하지만 조선의 풍습으로는 모든 처녀가 결혼을 해야 하고, 모두가 남편이거나 아내가 되어야만 합니다. (⋯) 만약 나의 사랑하는 하늘에 계신 아버지께서 박 씨를 보내 주신 것이라면 그분이 나를 그의 아내로 점지하신 것일 테고, 저는 그의 아내가 될 것입니다. (⋯) 하나님께서 그를 저의 남편으로 보내신 거라면 저는 저의 어머니가 싫어한대도 그의 아내가 될 것입니다. (⋯) 저는 신분이 높든 낮든 부자이건 가난뱅이건 상관하지 않습니다."[4]

　평생을 함께하기로 약속할만큼 서로를 잘 알지 못했던 김점동과 박유산은 이런 우여곡절을 거쳐 1893년 5월 결혼식을 올렸다. 우리 나이로 김점동이 열일곱, 박유산이 스물여섯이었다.

빛이 되어 준 사람, 영원히 빛나는 부부

그런데 얼마 뒤, 둘을 결혼시키는 데 큰 공을 세운 윌리엄 홀이 병으로 세상을 떠났고 남편을 잃은 로제타 홀은 미국으로 돌아가게 됐다. 미국행 준비를 서두르던 로제타 홀에게 김점동 부부가 찾아왔다.

　"저희도 미국에 함께 갔으면 합니다."

　김점동은 필생의 소원이었던 의학 공부를 원했고, 박유산 또한 미국에 가서 이루고 싶은 꿈이 있다고 했다. 결국 김점동과 박유산 부부도 태평양을 건너가게 된다. 김점동은 세례명 에스더에 남편 성을 딴 미국식 이름 '박에스더'로 리버티공립학교를 거쳐 볼티모어여자의과대학(오늘날의 존스홉킨스대학교)에 입학했다. 하지만 박유산은 그러지 않았다. 태평양을 건너올 때 그에게도 나름의 포부와 꿈이 있었을 것이다. 갑신정변 실패 후 천하의 역적이라 비난받다 미국으로 도망쳤던 서재필이 의사에 미국 시민이 되어 금의환

향한다는 소식을 부러워하기도 했을 것이다. 그러나 박유산은 자신의 꿈을 실현시키기 위한 노력을 일단 거둬들였다. 아내 박에스더 때문이었다.

"에스더, 머리 좋은 당신이 나보다 더 공부를 잘할 것 같소. 내가 당신을 도우리다. 당신은 공부만 하시오. 내가 학비와 생활비를 벌어 보겠소."

박유산 같은 남편은 19세기 말 조선 팔도 어디에도 없었으리라. 아니 21세기인 오늘날에도 그렇게 흔하지 않을 것이다. 박에스더는 자신이 믿고 섬기던 신으로부터 세상에 없는 큰 선물을 받은 셈이었다.

박유산은 농장 노동자로, 식당 종업원으로 나서 아내 몫까지 더해진 외국 생활의 험한 파도를 헤쳐 나갔다. 밤늦게 돌아와 이내 곯아떨어지는 남편을 보면서 박에스더는 이를 악물고 공부했을 테고, 간혹 "I'm sorry"를 연신 중얼거리며 잠꼬대하는 남편을 한참 동안이나 지켜보았을 것이다. 그때마다 눈에 띄는 것이 있었다. 다름 아닌 남편의 상투머리였다.

그들이 조선을 떠나던 1895년, 조선 정부는 단발령을 내렸다. '신체발부身體髮膚는 수지부모受之父母'라 해 부모에게 받은 몸을 터럭 하나 훼손할 수 없다던 보수파의 반발이 있었지만 단발은 이미 조선 천지에 퍼져 나가고 있었다. 하물며 일찍이 기독교를 받아들이고 미국까지 와서 아내 뒷바라지로 수고를 자처하던 박유산이 상투를 고집할 이유는 전혀 없었다. 그런데도 박유산은 상투를 자르지 않았다. 서양인들 사이에서 박유산의 상투는 유난히 우뚝했다.

아마도 아내에게 던지는 무언의 메시지가 아니었을까. "필립 제이슨이라는 이름으로 미국에서 생활하며 우리말을 거의 잊었다는 서재필"(1893년 8월 14일 워싱턴으로 서재필을 방문했던 윤치호의 증언)처럼 살아가지 말고 반드시 조선으로 돌아가야 한다는, 그래서 조선 사람들을 위해 당신의 배움을 써야 한다는 무언의 시위. 박유산은 태평양 건너 두고 온 조국, 가난하고 위태로웠던 조선을 매일 생각했다.

그러던 어느 날, 박에스더가 일했던 보구여관의 의사 커틀러가 미국으로 왔다. 커틀러는 조선에서 한창 주가를 올리던 〈독립신문〉 한 부를 박에스더 부부에게 전했다.

"이제 조선에서도 이런 신문이 나온단 말이오."

그 신문에는 매우 의미 있는 기사 하나가 실려 있었다. 서대문 밖 모화관(청나라 사신들을 사대의 예로 영접하던 건물) 터에 독립문을 세운다는 기사였다. 이 기사를 읽은 상투 튼 박유산과 의대생 박에스더의 얼굴에 화색이 돌았다. 부부는 망설임 없이 자신들의 피땀 어린 돈을 독립문 건립 기금에 보냈다.

"박여선이라는 이는 (…) 조선이 독립된 것을 햇볕같이 드러내는 줄 알고 무수히 경축하며 자기 아내와 즐거움을 이기지 못하여 독립문 보조금을 금전으로 3원을 보냈는데 (…) 이런 사람은 외국에 간 지 얼마 못 되어 벌써 자기 나라 사랑하는 마음이 도저히(깊이) 생겼더라."(〈독립신문〉, 1896년 10월 24일자)

한편 남편을 잃고 잠시 미국에 머물렀던 로제타 홀은 1897년에 다시 조선으로 돌아왔다. 미국에서 악전고투하던 박에스더 부부가 마음에 걸린 로제타 홀은 이들 부부에게 편지 한 통을 보냈다. 여기에도 할 일이 많으니 이제 그만 조선으로 돌아오라고 권유하는 내용이었다. 이에 박에스더는 또 한 번 단호한 답장으로 로제타 홀의 말문을 막았다.

"제가 지금 포기하면 다른 기회가 오지 않을 것을 알고 있습니다. 저는 최선을 다해 노력할 것이고, 최선을 다한 후에도 도저히 배울 수가 없다면 그때 포기하겠습니다. 그 이전에는 결코 포기할 수 없습니다."

박에스더 혼자만의 대답은 아니었을 것이다. 답장을 쓰는 박에스더 곁에는 땀에 젖은 상투를 매만지면서 "암, 포기할 수 없고말고. 로제타 여사님이 내 아내를 잘못 봤지, 암" 중얼거리는 박유산이 있었을 테니까.

그렇게 온갖 고생을 함께한 부부였으나 기쁨까지 함께 누리도록 허락받지는 못했다. 1900년 6월, 박에스더는 피눈물 나는 노력 끝에 의학 박사 학위를 받게 되었으나 20여 일 전인 1900년 5월 28일에 박유산이 폐결핵으로 세상을 떠난다. "세상에 태어나 가장 기쁜 일은 하나님을 알게 된 것이고, 그다음으로 기쁜 일은 에스더 당신을 만난 일"이라며 고된 일을 마다하지 않고 뒷바라지하던 남편의 죽음 앞에서 박에스더의 심경이 어떠했을지는 짐작조차 어렵다. 지금도 남아 있는 박유산의 묘비에는 필시 박에스더가 선택했을 성경 구절이 새겨 있다. 마태복음 25장 35절.

"내가 나그네였을 때 나를 영접하였고…(When I was a stranger, ye took me in…)."

묘비 앞에서 박에스더는 짧았던 결혼 생활을 되짚었을 것이다. 결혼을 안 할 수도, 할 수도 없던 꿈 많은 조선 처녀의 암울함이 떠올랐을 것이고, 그 정처 없고 오갈 데도 없는 나그네 신세의 손을 잡아 준 남편, 자신의 꿈을 포기하고 아내의 꿈을 영접했던 남편의 기억 앞에 한없이 눈물을 흘렸을 것이다.

박에스더는 남편의 죽음을 헛되이 하지 않겠다고 결심했다. 우선 그녀는 안정된 미국 의사 자리를 마다하고 고국으로 향했다. 꿈의 출발점이었던 보구여관에 의사로 돌아와 가난하고 아픈 조선 여성들을 돕기 시작했다. 어찌나 열성적이었는지 열 달 동안에만 3,000명이 넘는 환자를 돌보았다. 그 후 역시 로제타 홀이 세운 평양 기홀병원으로 가서 무료 진료 활동을 펼치는 한편 간호사 양성소를 세우는 데에도 힘을 기울였다. 그렇게 10여 년을 보낸 뒤 박에스더는 남편 박유산을 쓰러뜨린 바로 그 병마, 결핵에 걸려 세상을 떴다. 1910년 4월 13일, 서른셋, 너무도 아까운 나이였다.

한국 최초의 여의사 박에스더와 그녀의 남편 박유산, 이 부부의 캐나다 출신의 의료 선교사 윌리엄 홀은 조선에 파견된 지 얼마 안돼 병으로 쓰러지고 말았지만 홀 가문과 조선의 인연은 끝나지 않았다. 윌리엄 홀의 부인 로제타 홀은 남편을 잃고 잠시 미국에 머물다가 다시 조선으로 돌아와 의료 선교에 나섰다. 그러나 시련은 아직 남아 있었다. 딸 에디스가 이질에 걸려 목숨을 잃은 것이다. 남편과 딸을 조선 땅에서 병으로 잃었으니 뒤도 돌아보지 않고 떠나 버릴 만도 하지만 로제타는 그러지 않았다. 오히려 아픔을 잊기 위해 더 일에 몰두했다.

특히 그녀는 조선 여성과 장애인, 사회적 약자 들에 주목했다. 의료 혜택을 받지 못하는 여성들을 위해 여성 의사를 배출해야 한다고 주장하던 그녀는 여성 입학생을 거부하는 세브란스 병원 선교사들과 격렬하게 부딪치기도 했다. 그러나 끝까지 포기하지 않고 경성의학전문학교에 여학생 청강생을 들여보내 1918년, 여성 세 명이 의사 자격증을 따낼 수 있게 도왔다. 또 로제타 홀은 보구여관에 이어 평양에 광혜여원을 설립해 여성 환자들을 돌보고 여성 의료 인력을 길러 냈다. 한글 점자를 개발해 조선의 시각 장애인 교육을 처음으로 시도한 이 역시 로제타 홀이었다.

그 아들 셔우드 홀도 의사가 되어 조선의 결핵 환자들을 도왔다. 이렇듯 조선을 위해 헌신하던 홀 가족은 크리스마스실 판매로 독립운동 자금을 댔다는 혐의를 받고 추방됐다. 그들은 부산항에서 배를 타기 직전 눈물겨운 의식을 치른다.

"셔우드는 가족들 앞에 수놓은 아름다운 태극기 한 장을 꺼냈다. 해주를 떠날 때 조선인 친구가 준 것이었다. 일가족 나섯 명은 나뭇가시에 그 태극기를 걸어 놓고 '조선의 진정한 국기'를 향해 만세를 외쳤다"(〈로제타 홀의 조선 사랑〉,《신동아》, 2002년 3월호).

　오늘날 양화진외국인선교사묘원에는 홀 가문 사람 다섯 명이 묻혀 있다. 최초로 조선에 온 윌리엄 제임스 홀과 로제타 셔우드 홀 부부, 아들 셔우드 홀과 그의 부인 메리안 홀, 그리고 어려서 세상을 떠난 셔우드의 동생 에디스 마거리트 홀까지. 그들만큼 조선을 사랑한 사람들도 드물 것 같다. 조선인과 외국인을 통틀어서도 그렇다.

삶을 지켜봐 온 홀 부부의 아들 셔우드 홀은 이모처럼 따랐던 박에스더를 기리며 굳게 약속했다.

"반드시 결핵 전문의가 되어 조선의 결핵 환자들을 돕겠어요."

결핵환자돕기운동의 일환으로 현재까지도 발행되는 '크리스마스실'은 바로 이 사람, 셔우드 홀이 만든 것이다. 홀 가문은 대를 이어 조선과 한국을 도왔고, 이제는 양화진외국인선교사묘원에 잠들어 있다. "에스더는 날마다 새로운 인생을 배우게 한다"던 로제타 홀과 그녀의 가족들은 조선에서 살아가는 내내 박에스더와 박유산 부부를 생각했을 것이다. 이들은 어렵고 힘겨운 시기에 태어나 새로운 길을 함께 열고, 자신을 희생해 상대방의 길을 밝히고, 그 빛을 더욱 키우려다 일찍 소진되어 갔던 가슴 아픈, 그러나 위대한 커플이었다.

참고 문헌

1 이화100년사편찬위원회, 《이화 100년사》, 이화여자대학교출판문화원, 1994.
2 박정희, 《닥터 로제타 홀》, 다산초당, 2015.
3 위와 동일.

이완용 척살에
청춘을 건 두 동지
이재명 ✕ 이동수

이재명

李在明, 1887~1910년

조선 말기의 독립운동가. 매국노 이완용을 처단하고자
했으나 미수에 그쳤다. 일제에 의해 사형을 선고받아
순국했다.

이동수

李東秀, 1884~?년

조선 말기의 독립운동가. 이재명과 함께 이완용을
습격하는 데 가담했다. 이재명을 비롯한 동지들은 거의
체포되었으나 이동수만은 일제의 눈을 피해 독립운동을
이어나갔다.

1909년 어느 겨울 밤, 대한의원이 소란스러웠다.

"원장님! 큰일 났습니다. 총리대신이 칼을 맞았답니다."

직원의 다급한 보고에 대한의원 원장 기쿠치 쓰네사부로는 자리를 박차고 일어났다.

"지금 어디 있나? 상태는?"

대한의원은 이름만 '대한'일 뿐 조선인보다 조선 거류 일본인을 위한 의료 기관으로써의 성격이 강했다. 그래서 여기에 출입하는 조선인이라면 대개 조선에서 방귀깨나 뀌는 사람들이었다. 그중에서도 총리대신 이완용이라면 무신경하게 넘길 대상이 아니었다.

"자택에 있답니다. 왕진을 가셔야겠습니다."

기쿠치 원장은 지체 없이 왕진 가방을 꾸렸다.

'당장 병원으로 오지 않고 자택에 드러누워 있다니 말이 되나.'

발걸음을 재촉하면서 기쿠치는 속으로 투덜거렸지만 이내 마음을 고쳐먹었다.

'하긴 병원에서 또 무슨 봉변을 당할지 모른다는 생각이었겠지. 누가 또 와서 칼을 휘두를지 알아.'

이른바 을사오적 가운데 일본이 가장 심혈을 기울여 관리한 인물이 이완용이었다. 총명하고 현실에 밝았던 조선의 관료, 하지만 그는 조국을 지키는 데 자신의 능력을 쓰지 않았다. 을사늑약 당시에는 학부대신으로서 조약에 찬성했고, 이후 총리대신으로 한국 군대를 해산시키는 정미 7조약을 주도했으며, 헤이그 밀사 사건 때는 고종 황제에게 퇴위를 강권한 매국노의 수장이 되어 있었다. 이렇듯 일본에게 입의 혀처럼 굴며 조선을 일본의 일부로 만들어 가던 이완용이 칼을 맞은 것이다. 일본으로서는 어떻게든 그를 살려야 했다.

이완용의 자택에는 이미 한성의원 원장과 외과 의사가 와 있었다. 기쿠치까지 합세해 이완용을 치료하기 시작했다. 이번 일을 잘 마무리하면 일본 의학 능력을 과시해 한국 지배의 정당성을 설파할 기회로 삼을 수도 있었다. 이완용은 왼쪽 어깨의 자상으로 많은 양의 피를 흘린 위중한 상황이었지만 재빠른 응급조치와 대수술을 받아 기사회생했다.

원통한 일이었다. 이완용이 염라대왕 앞까지 갔다가 되돌아왔다고 하니 사람들은 땅을 치며 아쉬워했다. 그럼 도대체 이완용에게 칼을 휘두른 사람은 누구였을까. 바로 스물세 살의 청년 이재명이었다.

목숨을 건 결의

평안북도 선천에서 태어난 이재명은 미국 샌프란시스코에서 안창호가 조직한 공립협회 일원으로 활동해 왔다. 그러던 중 헤이그 특사(1907년, 고종이 네덜란드 헤이그에서 열린 만국평화회의에 을사조약이 무효임을 주장하도록 보낸 사절단. 일본의 방해로 뜻을 이루지 못했다)로 파견됐던 이준이 화병으로 죽었다는 소식을 듣고 조선으로 돌아왔다. 분노로 가득 찬 그의 가슴 한가운데에는 매국노 이완용의 이름 석 자가 굵고도 깊게 박혀 있었다.

"이 새끼는 내 손으로 둒여 버리갔어."

1909년 1월, 이재명은 순종 황제의 평안도 순시 소식을 듣게 됐다. 침략의 원흉 이토 히로부미도 함께한다고 했다. 이재명은 몇몇 동지와 함께 평양역을 찾았다. 이토 히로부미의 목숨을 노린 것이다. 그러나 신변의 위협을 예감한 탓인지 이토 히로부미는 순종 황제 곁에 찰싹 달라붙어 있었다.

"지금이 기회이긴 한데…."

"폐하와 너무 가까이 있소. 이토를 치게 되면 폐하의 옥체에 누

을사조약 체결에 가담한 다섯 명의 매국노, 을사오적乙巳五賊. 이들은 누구인가.

• 외부대신 박제순(1858~1916): 을사조약에 찬성한 다섯 명의 대신 가운데 최고위직. 참정대신 한규설이 조약 체결에 끝까지 반대하는 가운데 처음에는 "내가 현직 외부대신으로서 외교권이 넘어가는 것을 어찌 감히 찬성하겠습니까?"라고 반대하는 듯했으나 이토 히로부미의 위압에 더 이상 저항하지 못하고 굴복했다.

• 내부대신 이지용(1870~1928): 1882년, 성난 군인들은 궁에 난입해 대신들을 살해했다. 임오군란이었다. 당시 총리대신이자 흥선대원군의 형이기도 한 이최응도 참혹하게 죽임을 당했다. 그 자식들도 단명했기에 대가 끊길 위기에서 양자로 들어온 이가 바로 이지용이었다. 경술국치 후 일제 작위도 받고 나라 판 돈도 두둑이 챙겼으나 도박판에 돈을 탕진한 후 "일본에 속았다"며 때늦은 후회를 하다가 죽었다.

• 군부대신 이근택(1865~1919): 군부대신으로서 을사조약에 적극 찬성했다. 조약에 끝까지 반대한 한규설과는 사돈이었다. 조약 이후 집에 돌아와 "이제 권위와 봉록이 평생 혁혁할 것이다"고 으스댔는데 동시에 부엌에서 쾅 소리가 났다. 며느리(한규설의 딸)와 함께 왔던 계집종이 도마에 칼을 내리치는 소리였다. "내 주인 놈이 이렇게 흉악한 역적인 줄 모르고 몇 년 이 집 밥을 얻어먹었으니 부끄러워 못 살겠다" 그러고는 그 길로 집을 나가 버렸다고 한다.

• 농상공부대신 권중현(1854~1934): 양반가의 서얼로 태어나 개화에 일찍 눈을 떴고 일본어를 배워 친일 관료로 활동했다. 을사조약에 찬성한 뒤 암살의 표적이 돼 여러 번 죽을 고비를 넘겼고 이후 군부대신으로 의병 탄압에 앞장섰다.

• 학부대신 이완용(1858~1926): 어려서부터 신동으로 소문이 자자했고 외교관으로 미국에 나가 국제 감각을 익혔다. 넉 달가량의 학부대신 재임 기간 동안 성균관을 개편하고, 소학교령과 한성사범학교 규칙을 공포해 우리 교육사에 확연한 자취를 남길 만큼 행정 능력도 있었다. 그러나 이 대한제국의 '인재'는 그 능력을 오롯이 나라 파는 데 썼다. 중국인들도 매국노를 지칭할 때 이완용의 이름을 썼다 하며, 공중변소에는 '이완용 식당'(개가 인분을 먹으므로)이라는 낙서가 끊이지 않았다. 1926년 그가 죽었을 때 <동아일보>에는 이런 기사가 실렸다. "이완용이 죽었으니 염라국의 장래가 걱정된다." 가히 매국노의 대명사이자 최고봉이었다고나 할까.

가 될 수 있소."

　결국 이재명 일행은 거사를 포기하고 말았다. 그 한 때문이었을
까. 김구의《백범일지》에서 이재명은 뜻밖의 소란을 일으키는 인
물로 등장한다. 백범이 황해도 재령군 진초리에 머물던 무렵, 조용
한 마을에 소동이 일어났다. 진초학교 교원 오인성의 남편이 권총
을 들고 온 동네가 떠들썩하게 날뛰는 상황. 그는 매국노들을 모두
죽이겠다며 울부짖기까지 했다. 이 바람에 오인성은 학교 일도 못
하고 모처에 숨어 있어야 했다. 백범이 직접 남편을 설득해 무기를
거두었는데 그자가 바로 이재명이었다. 백범은 훗날 이날의 이재명
이 이완용을 척살하려 한 이재명이라는 사실에 크게 놀랐다고 한
다. 아내에게 객기나 부리는 철부지 청년인 줄 알았더니 그런 뜻을
품고 있었을 줄이야.

　이렇듯 이재명은 열혈 청년이었다. 한 여자의 남편으로 한세상
살기에는 그 피가 너무 뜨거웠고 망해 가는 조국의 꼬락서니가 너
무 비참했다. 이완용을 비롯한 매국노 척살에 목숨을 걸기로 한 이
재명은 뜻을 같이할 동지들을 모았다. 그중에는 이완용을 살려 낸
대한의원에서 의학을 공부하던 학생 오복원과 김용문, 또 다른 매
국노 이용구를 노렸던 김정익과 조창호, 그리고 평북 정주 출신의
이동수라는 사람이 있었다. 대부분이 평안도 사람이었다. 19세기
초 반란을 일으킨 홍경래가 "한양의 종들도 우리를 평안도 놈이라
고 부른다"고 격분했을 만큼 조선 왕조 500년 내내 극심한 차별을

받았던 서북 지역 사람들. 나라로부터 아무런 특혜도 받지 못한, 오로지 자기 몸뚱이 하나로 삶을 지탱해야 했던 사람들이었다. 하지만 그들은 자신을 돌보지 않은 나라가 망해 가는 현실에 어느 지역 사람들보다 가슴 아파했고, 나라를 팔아먹는 매국노들에게 분노의 화살을 겨누었다.

1909년 12월, 대한의원 학생 김용문이 이재명을 찾아왔다.

"기회가 온 것 같습니다."

이재명의 귀가 번쩍 뜨였다.

"자세히 이야기해 보시오."

"벨기에 황제 레오폴드 2세가 죽었습니다. 그 추도 미사가 종현성당(오늘날의 명동성당)에서 열리는데 이완용이 여기에 참석할 예정이랍니다."

"오호라, 이제야 기회가 왔구나!"

이재명은 흥분을 감추지 못했다. 어쩌면 안중근의 동지였던 우덕순이 안중근과 함께 하얼빈역 거사를 계획하며 읊었다던 시의 첫 구절을 흥얼거렸는지도 모른다.

"만났구나, 만났구나, 원수 너를 만났구나."

이재명은 즉시 종현성당으로 달려갔다. 완벽한 성공을 위해 주변 지형부터 파악해야 했다. 종현성당은 야트막한 언덕 위에 위치해 있고 그 아래로 두 갈래 갈림길이 나 있었다. 한쪽은 명동으로 통하는 길, 또 한쪽은 구리개(오늘날의 을지로)로 내려가는 길. 삼거리

한가운데에서 대기하는 건 너무 눈에 띄는 일이었다. 갈림길 중에 한쪽을 다른 누군가가 맡아 주어야 했다. 이재명의 머릿속에 한 사람이 떠올랐다. 이동수였다. 유독 죽이 잘 맞았고 자신만큼이나 매국노를 처단하겠다는 의지가 굳건한 사람. 서북 사람 특유의 괄괄함과 한번 물면 끝장을 보는 집요한 품성의 이동수가 함께해 준다면 이완용을 반드시 죽일 수 있으리라.

이재명은 이동수를 찾았다. 평소 아무리 열기를 높였다 한들 실제로 목숨을 걸고 행동에 옮기기란 쉽지 않은 일이었다. 자초지종을 설명한 뒤 이재명이 조심스럽게 물었다.

"함께할 수 있갔습네까? 이완용이 어디로 갈 지는 모르는 일입네다."

말이 끝나기 무섭게 이동수의 대답이 튀어나왔다.

"당연하디요. 이재명 동지가 한쪽을 맡고 내레 또 한쪽을 디키면 될 거 아니갔소. 어느 쪽으로 오든 이완용 그 매국노를 벨기에 황제 따라 황천으로 보내면 되갔구만. 이런 기회를 줘서 내레 고맙디요. 고맙고말구요."

매국노 한 사람을 두고 이재명과 이동수는 목숨을 나누는 파트너가 되었다. 둘은 수백 번 찌르고 베는 동작을 연습했다. 이미 단련될 대로 단련된 그들이지만 거사는 쉬운 일이 아니었다. 이완용 곁의 경호원과 현장에 배치될 경관 들의 움직임까지 계산해야 했다. 실패했을 때를 대비한 대화도 오갔을 것이다.

"이런 말 하긴 재수가 없갔디만, 만약 우리 중 한쪽이 실패를 했다 싶으면 어카디요? 보고만 있을 수도 없구."

"옆 길에서 달려오기는 무리입네다. 실패했다 싶으문 절대로 끼어들지 말기루 하십시다레. 그냥 몸을 빼서 피하는 걸루요."

"보고만 있자는 말입네까."

"끼어들었다가 다 잡히는 것보단 낫디요. 단 약속을 하는 겁네다. 한쪽이 실패하면 다른 한쪽이 꼭 완수해 주는 걸루요. 이 동지레 실패하문 내가, 내가 실패하문 이 동지가. 기어코 이완용 숨통을 끊는 걸로 하시자요. 만약 그날 성공하면 다른 한쪽은 이용구를 비롯해 다른 매국노 처치하는 데 목숨을 바치구요."

기회는 이재명에게

1909년 12월 22일 동짓날, 두 평안도 사내는 살을 에는 바람을 맞으며 일생일대의 거사를 위해 종현성당으로 향했다. 이재명은 군밤 장수로 위장했다. 군밤 좌판을 둘러멘 이재명의 모습은 그럴 듯했다. 이동수 역시 비슷한 변장을 했을 것이다. 둘은 종현성당 언덕 아래에서 악수를 나누었다. 함께 지낸 세월은 짧으나 한 목표에 목숨을 건 사내들의 손아귀는 뜨겁고도 힘에 넘쳤다.

"내 쪽으로 오길 기도하갔소."

"길쎄 기건 주님 뜻이갔지만 주님은 나를 선택하실 것 같은데."

성공을 위한 기도를 짧게 올린 뒤 둘은 각자가 맡은 길로 향했다. 앞으로 두 사람이 얼굴을 마주할 가능성은 거의 없었다. 성공하든 실패하든 한쪽은 다음을 기약하며 자리를 떠야 할 것이므로. 설사 일본 경관에 잡힌다 해도 결코 돕지도, 끼어들지도 말아야 할 것이므로.

마침내 벨기에 황제 추도 미사가 끝났다. 참가한 인사들이 삼삼오오 언덕길을 내려와 갈림길에서 흩어졌다. 이제 곧 이완용이 모습을 드러낼 차례였다. 두 사람은 저마다의 칼 쥔 손에 힘을 주었다.

'제발 내 쪽으로 오너라.'

갑자기 성당 주변이 부산해졌다. 사람들이 인사하고 전송하는 자세가 이전까지와는 완전히 달랐다. 그 가운데에 정장을 차려입고 실크해트까지 갖춰 쓴 신사가 눈에 들어왔다. 이완용이었다. 이완용은 거드름을 떨며 인력거에 올라탔다. 양쪽 길 귀퉁이에 선 이재명과 이동수의 시선이 오로지 인력거에 집중되었다. 이내 인력거가 방향을 잡았다.

"재명 씨 쪽이구마니."

"됴아. 조금만 더 오라우."

이완용이 탄 인력거가 이재명 쪽으로 다가왔다. 이재명은 자신의 팔 일부나 마찬가지인 칼을 움켜쥐고 이완용의 인력거로 치달았다. 건장하고 힘이 센 이완용의 경호까지 도맡아 왔다는 인력거꾼이 재빠르게 이재명을 가로막았다. 이재명은 어쩔 수 없이 칼을 휘둘러 그를 쓰러뜨렸다. 기겁한 이완용이 인력거에서 뛰어내려 필사적으로 도망쳤다. 이를 두고볼 이재명이 아니었다.

"이 매국노야! 이 역적 놈아!"

이재명의 칼이 이완용의 살을 파고들었다. 그러나 이완용에게 치명상을 입히기 전 일본 경관의 칼이 이재명의 허벅지를 찌르고 말았다. 뒤이어 달라붙은 경관들에게 이재명은 완전히 제압되었지만 그 기세만큼은 꺾이지 않았다. 허벅지에 칼이 꽂힌 채 그는 소리쳤다.

"이 칼을 빼라! 나는 도망갈 사람이 아니다."

이재명을 둘러싼 사람들 모두 어안이 벙벙한 가운데 이재명이 두리번거리며 말했다.

"누구 담배 있소?"

그러고는 담배까지 얻어 피웠다.

체포 이후 열린 재판에서도 이재명의 의기는 조금도 수그러들지 않았다. 증거물로 제시된 칼을 두고 일본인 판사가 "이 칼이 흉행에 쓰인 것이냐"고 묻자 이재명은 이렇게 받아쳤다.

"너는 흉兇자는 알고 의義자는 모르느냐. 나는 매국노를 죽이는 의로운 행동을 한 것이다."

약이 오른 판사가 "네 행동에 찬성한 자는 누구냐"고 물었을 때 이재명은 또 한 번 벼락같이 소리쳤다.

"2,000만 민족이다!"

그와 동시에 '쨍그랑' 소리가 울렸다. 창밖에 있던 조선인들이 유리를 깨고 공감의 함성을 지른 것이다.

"옳소!"

결국 이재명에게는 사형이 선고되었다. 이완용을 공격하는 과정에서 인력거꾼의 목숨을 잃게 만든 것이 사형의 이유가 되었다. 고의성 없는 살인으로 사형까지 내리기에는 법리상 무리가 있었다. 하지만 일본은 이미 이 청년의 목숨을 빼앗으리라 결심하고 있었다. 사형 선고를 받고 교수대 앞에 선 이재명은 다짐 같은 유언을 남긴다.

"나는 죽어 수십만 명의 이재명으로 환생하여 생전의 한을 기어이 설욕하리라."

이후 독립운동가들을 겨냥한 검거 선풍이 불어닥쳤다. 대한의원 학생 오복원과 김용문, 이재명이 미국에서 알고 지냈던 김병록 등 암살단원 총 열세 명이 경찰에 체포되어 옥고를 치렀다. 단 한 사람만이 일제의 체포망에 걸리지 않고 사라졌다. 이완용이 칼을 맞던 그날, 이재명만큼이나 간절한 마음으로 칼을 움켜쥐고 있던 남자, 이동수였다. 이재명의 맹렬한 돌진과 겨울 햇살에 얼음 빛으로 빛난 칼날, 쓰러지는 이완용과 달려드는 경관들, 허벅지에 칼이 꽂힌 채 주변을 호령하던 이재명을 핏발 선 눈으로 지켜보았을 터이다.

"이 동지, 잘 가시라우. 이제는 내가 맡았어."

그날 이후 누구도 이동수를 보지 못했다. 조선 어딘가에서 바늘이 떨어지는 소리까지 다 들을 수 있다며 물샐틈없는 정보망을 과시하던 일본 경관들도 이동수의 자취를 찾을 수 없었다. 궐석 재판에서 이동수가 받은 형량은 자그마치 15년, 칼 한 번 휘두르지 않은 이에게 내려진 형량치고는 엄청난 중형이었다. 그러나 여전히 이동수의 행방은 묘연한 채 세월만 흘러갔다.

약속의 무게

이재명 의거가 있고 난 다음해인 1910년, 조선은 공식적으로 일본 식민지가 되었다. 나라가 망한 것이다. 그로부터 9년은 일본의 무단 통치 시기였다. 칼을 찬 일본인 교원들이 아이들을 가르치고, 일본 경관이 아무 때에 아무에게나 몽둥이를 휘두르던 시절이었다. 가슴 깊은 곳에서 끓어오르기 시작한 분노와 설움은 1919년 3·1 운동으로 폭발했다. 수백만 명이 참여하고 수천 명이 목숨을 잃은 이 거대한 항쟁 이후 독립 투쟁의 지도부라 할 임시 정부가 곳곳에서 구성되었다. 우리가 익히 아는 상해 임시 정부가 생겨났고 서울에는 한성 정부가 조직되었으며 소련령 블라디보스토크에도 임시 정부가 출범했다.

1919년 4월 23일, 한성 정부는 요릿집 봉춘관에서 임시 정부 선포문과 국민 대회 취지서, 결의 사항, 각원 명단과 파리강화회의 대표, 그리고 6개조로 된 약법과 임시정부령 제1, 2호를 발표했다. 취지서에는 "3·1 독립 선언의 권위를 존중하고 독립의 기초를 공고히 하여 인간 필연의 요구에 보답하게 하기 위해 이에 민족 일치의 동작으로써 대소의 단결과 각 지방 대표자들로서 분회를 조직해 이를 세계에 선포한다"고 밝히며 각 지방을 대표하는 23인의 이름이 등장하는데, 그 가운데 이동수가 포함되어 있었다. 그는 여전히 10년 전 청년 이재명의 동지로 살아가고 있었던 것이다.

이후 상해로 건너가 항일 투쟁을 전개한 이동수는 또 한 번 극적인 모습으로 세상에 나타났다. 1924년 12월 20일 밤 11시 30분, 이재명의 이완용 피습 사건 공소 시효를 불과 37시간 남기고 이동수는 일본 경관에게 체포되었다. 이후 재판 과정에서 그가 이완용의 집 고용인으로 들어가 3년 동안 일하며 줄기차게 이완용의 목을 노렸다는 충격적인 사실이 밝혀졌다.

1925년 2월 12일, 이동수의 공판 날이 왔다. 15년 전 동지가 못다 이룬 한을 풀고자 원수의 집 종노릇까지 한 이동수의 이야기는 이미 경성 시내에 자자했다. 방청을 희망한 조선인 600여 명이 법정으로 몰려들었으나 기가 질린 일본 판사들은 공개 재판을 거부했다. 법정으로 들어서는 이동수는 "초췌하기는 하나 군센 골격이 그대로 남아 있었다"(〈동아일보〉 1925년 2월 13일자). 대도 역시 익연했다. 당시 이동수의 변호사 중 한 사람이었던 이인(대한민국 초대 법

무부 장관)과 재판정을 지켜보겠다고 아우성친 조선인들은 '며칠만
더 견뎠으면 형을 면했을 텐데' 하며 안타까워했으나 오히려 이동
수는 담담해 보였다. 이인은 혀를 찼다.

"이런 사람이 과연 의혈지사로구나."

휴정 중 일본인 판사들 역시 자신들끼리 잡담을 나누며 참으로
아까운 일이라고 탄식했다 하니 그 법정의 분위기를 짐작할 수 있
겠다. 이인은 열띤 변론을 펼쳤다.

"피고인이 사건 발생 직후에 체포가 되었더라면 형기를 마쳤을
것입니다. 15년간 도피 생활을 하다가 시효를 이틀 앞두고 붙들렸
으니 그동안의 노심초사는 형을 사는 것보다 몇 배 더한 고통이었
을 겁니다. 그 고통을 겪은 이에게 이제 와서 새삼 실형을 과한들 무
슨 뜻이 있겠습니까."[1]

이인의 변론을 들으며 이동수는 무슨 생각을 했을까. 그에게 가
장 뼈아픈 것은 공소 시효 이전에 체포된 것도, 15년간 도망자로 살
았던 지난날도 아니었을 것이다. 15년 전 동짓날, 종현성당 언덕 들
머리에서 함께 이완용을 죽이자던 옛 동지, 죽어도 잊지 못할 파트
너의 소망을 끝내 이루지 못했다는 아쉬움만이 그의 머리와 가슴을
채우지 않았을까.

범행이 미수에 그쳤음이 참작돼 이동수는 징역 2년에 집행 유예
3년을 선고받았다. 끝내 지키지 못한 약속의 무게 때문이었을까. 그
가 여생을 어떻게 보냈는지는 역사의 어둠에 묻혀 버렸다.

앞서도 이야기했지만 평안도는 오랫동안 버림받다시피 한 곳이었다. 일제 강점기만 해도 서울, 경기 사람들은 평양 사람들을 노골적으로 하대했고 혼사 맺는 것조차 꺼려했다. 그럼에도 평안도 사람들은 가장 치열하게 일제에 저항했다.

그 가운데 두 사람, 이재명과 이동수. 이들에게 이완용은 그리고 조국은 도대체 어떤 의미였을까. 자신들에게 베푼 것이라고는 쥐뿔도 없이 망해 버린 조국을 위해 이들은 젊음을 걸었고 생명을 바쳤고 칼을 갈았다. 장렬했던 평안도 사나이들, 형제보다 더 각별한 동지였던 이재명과 이동수, 이들은 우리 역사상 최고의 짝이었다.

참고문헌
1 김이조, 〈이재명 의사의 이완용 저격 사건〉, 《인권과정의》 404호, 2010.4.

42.195킬로미터를 달려
역사의 중심으로
손기정 ✖ 남승룡

손기정

孫基禎, 1912~2002년

일제 강점기의 육상 선수. 1936년 제11회 베를린 올림픽 마라톤 종목에 참가해 세계 신기록을 수립, 한국인 최초로 올림픽 금메달을 획득했다. 선수 생활을 마친 후에도 후진 양성과 한국 체육 발전에 힘썼다.

남승룡

南昇龍, 1912~2001년

일제 강점기의 육상 선수. 손기정과 함께 제11회 베를린 올림픽 마라톤 종목에 참가해 동메달을 획득했다. 광복 후 서른여섯의 나이에도 태극기가 달린 유니폼을 입고 보스턴 마라톤 대회에 출전해 10위를 기록했다.

아시아 국가들이 올림픽에 처음 나선 것은 1900년 제2회 파리 올림픽 때였다. 이때 인도와 페르시아(오늘날의 이란) 선수가 각 한 명씩 참가했다고 전해진다. 이후 1912년 제5회 스톡홀름 올림픽 때 일본이 그 뒤를 이었다. 이 대회에 일본은 두 명의 선수를 출전시켰는데 그 가운데 한 명은 마라톤 종목의 가나구리 시조였다.

이 선수는 올림픽 대표 선발전에서 비공인 세계 신기록을 세우며 주목을 받았으나 정작 올림픽 무대에서는 더운 날씨를 이기지 못하고 쓰러져 경기를 포기했다. 그런데 이 사실이 대회 측에 알려지지 않아 가나구리는 '경기 중 실종'으로 기록됐다. 수십 년이 흐른 1966년, 올림픽 개최 54주년 기념 행사를 기획하던 스웨덴올림픽위원회가 가나구리를 초빙해 마라톤을 완주시키니, 그는 무려 '54년 8개월 6일 8시간 32분 20.3초'의 어마어마한 최저 기록 보유자로 역사에 남는다.

일찌감치 일본은 스스로 아시아의 맹주를 자처했거니와 아시아를 넘어 유럽 및 아메리카 강대국과 동등해지고자 하는 '탈아입구脫亞入歐'를 외치고 있었다. 올림픽에서도 좋은 성적을 내기 위해 물심양면 노력을 아끼지 않았는데 특히 심혈을 기울인 종목이 마라톤이었다. '올림픽의 꽃' 마라톤에서 우승을 차지한다면 탈아입구를 전 세계에 증명해 보일 수 있었기 때문이다. 스톡홀름 올림픽에 처음 출전한 이래 꾸준히 마라톤 유망주들을 육성해 왔으나 메달의 영광을 차지하기에는 역부족이었다.

1932년 제10회 로스앤젤레스 올림픽에서는 어떻게든 메달을 거머쥐고 말겠다는 열망이 가득했던 일본에게 별로 달갑지 않은 문제가 불거졌다. 일본인은 일본인이되 결코 일본인일 수 없는 선수들, 즉 식민지 조선의 마라토너들이 경주에서 두각을 드러낸 것이다.

1931년 조선신궁 경기 대회에서 양정고등보통학교(양정고보) 학생 김은배가 2시간 26분 12초라는 비공인 세계 신기록을 수립하며 우승을 차지해 조선과 일본을 들썩이게 했다. 일본 메이지대학교에 재학 중이던 권태하도 김은배의 세계 신기록 소식에 한껏 들떴다.

'고등보통학교 학생이 세계 신기록을 세우다니! 나도 해 보자.'

학교에서 만능 스포츠맨으로 통하던 권태하는 즉시 맹훈련에 돌입했고, 1932년 일본 올림픽 대표 선발전에서 1위를 차지했다. 권태하에 이어 2위가 김은배, 3위는 일본인 쓰다 세이이치로였다.

도쿄에서 열린 2차 선발전에서도 권태하는 1위를 차지했다. 결국 1932년 로스앤젤레스 올림픽 마라톤 대표 세 명 중 두 명이 조선인 선수로 결정되었다.

일본으로서는 매우 난처한 일이었다. 마라톤에서 우승해 일본의 위상을 세계만방에 휘날리는 것은 좋은데 하필이면 그 대표 선수 세 명 가운데 두 명이 조선인이라니. 일본인이 조선인을 어떻게 대하고 있었는지는 권태하의 회고만으로도 미루어 짐작할 수 있다.

"올림픽 떠나는 길에 6월 14일 밤 관부 연락선 안에서 술 취한 경관에게 맞았다. 무슨 이유로 맞았느냐? 나는 법진에 비추어 매 맞을 무슨 행위를 하지 않았다. 그러나 꿀꺽 참고 대거리 못하고 맞은 것이다. (…) 입술이 깨져 붉은 피가 턱으로 흐를 때에도 나는 나의 바르다는 것을 주장하고 경관의 까닭 모를 행위를 비난하였다."(〈동아일보〉 1932년 6월 24일자)

올림픽 경기 진행 과정에서도 권태하는 부당한 요구를 받았다. 일본인 선수 쓰다의 페이스메이커로 경기에 임하라는 지시를 받은 것이다. 권태하는 이를 거부하고 있는 힘껏 달려 나갔고 결국 페이스 조절에 실패해 9위에 그쳤다. 적반하장으로 일본인들은 쓰다를 밀어주지 않은 권태하를 탓했다. 책임 전가에 분격한 권태하는 곧장 귀국하지 않고 1년간 미국에서 공부하다가 조선으로 들어왔다. 이제 선수로서 노쇠한 나이가 된 그는 후배 마라토너들을 양성하는 데에 집중하기로 한다. 그러던 중 자신을 충분히 능가하고, 또 자신

의 꿈을 대신 이뤄 줄 만한 두 조선인 마라토너가 눈에 띄었다. 바로
손기정과 남승룡이었다.

남다른 승부욕

손기정은 어릴 적부터 달리기를 좋아했다. 하도 동네방네 뛰어다니
니 어머니가 훌러덩 잘 벗겨지는 여자 고무신을 신겼는데 새끼줄
로 신발을 묶은 후에 내달릴 정도였다. 각종 육상 대회에서 상을 휩
쓸었고 서울 대회에서는 그만 코스를 잃어버려 길을 헤매는 바람에
2위에 그쳤다. 길을 잃어서 2위였으니 그 실력이 얼마나 독보적이
었는지를 짐작할 수 있겠다. 평안도 출신의 마라톤 영재 손기정은
당시 육상 명문이었던 양정고보에 적을 두고 체계적인 지도를 통해
그 실력을 길렀다.

1935년 여름 경성, 조선인 학교인 숙명고등여학교(숙명고녀)와
일본인 학교인 경성제일고등여학교(경성고녀)의 농구 시합이 열렸
다. 관중석에는 시커먼 조선인 남학생들이 대거 몰려와 열렬한 응
원을 펼쳤다. 양정고보 운동부 학생들이었다.

"숙명 이겨라! 숙명 최고다!"

일본인 대회 관계자와 심판 들은 이 뜨거운 열기가 못마땅했던
지 관중석에 몇 번 볼멘 주의를 줬다. 하지만 응원에 힘입은 숙명고

녀 농구 팀은 경성고녀 농구 팀을 압도하기 시작했다. 이에 심통이 난 경성고녀 쪽에서 이의를 제기했고, 심판진은 기다렸다는 듯이 경기를 중단시켰다. 그러자 고등보통학교 학생 치고는 나이가 들어 뵈는 한 청년이 거칠게 항의했다.

"왜 경기를 중단시키는 거요? 뭔 판정을 이렇게 해!"

청년과 일본인들 사이에 붙은 시비는 멱살잡이로까지 번졌다. 그런데 멱살을 잡힌 이가 하필 일본농구협회 사무국장이었다. 총독부까지 나서서 이 불손한 학생을 처벌하라고 양정고보를 윽박질렀다. 그가 바로 손기정이었다. 그해 2월 동아 마라톤 대회에서 1등을 차지했고 3월 도쿄 마라톤 대회에서 2시간 26분 14초라는 세계 신기록을 기록한(거리 측정에 문제가 있어 공식 인정을 받지는 못했지만) 조선의 건각. 손기정은 경기를 방해한 죄로 1주일 정학 처분을 당해야 했다.

"침착, 과묵하고 진실한 편이나 화를 잘 낸다." 순천공립보통학교 생활 기록부에 적힌 남승룡 어린이에 대한 평이다. 요즘 말로 하면 좀 '까칠한' 성격이었다고나 할까. 사촌 형이 지역 마라톤 대회에서 우승을 차지하자 보고 남승룡도 마라톤 선수를 꿈꾸게 된다. 그러나 운동에 매진하기엔 가정 형편이 좋지 않았다. 손기정의 자서전에 따르면 남승룡은 "보통학교 졸업 후 생활이 어려워 집에서 농사일을 거들고 있다가 19세 때 상경, 협성실업학교를 다니다 말고 양정에 편입했다. 그도 늘 하숙비가 모자라 배를 굶주리고 또 전

찻삯을 아끼느라 혜화동에서 경성역 뒤 학교까지 허리띠를 졸라맨 채 걸어 다녔다"고 한다. 그 어려움 속에서도 남승룡은 1932년 전 조선 육상 선수권 대회 5,000미터와 1만 미터 우승을 차지하며 유망주로 부상했다.

이후 일본 메이지대학교에 입학해 일본인 후견인의 도움을 받아 마라토너로서 착실히 성장하던 남승룡은 1935년 일본 건국 기념 마라톤 대회에서 자신의 재능과 열정을 여실히 증명한다. 전년 도에도 1위를 차지했던 우승 후보 남승룡은 역주를 거듭하던 중 별안간 달려든 자동차에 치어 나동그라졌다. 지켜보던 사람 모두가 크게 놀란 가운데 더 놀라운 상황이 펼쳐졌다. 차에 치인 남승룡이 벌떡 일어나더니 이를 악물고 다시 뛰기 시작한 것이다. 피를 뚝뚝 흘리면서도 남승룡은 남은 4킬로미터를 흔들림 없이 달려 1위로 골인했다. 이 사고로 그는 6개월 동안이나 병원 신세를 져야 했지만 마라토너로서 필생의 꿈인 올림픽 무대를 포기할 수 없었다.

올림픽 무대를 향하여

1935년 11월, 다음해에 있을 제11회 베를린 올림픽 대표 선발전을 겸한 메이지신궁 마라톤 대회에 손기정과 남승룡이 나란히 출전했다. 이 대회에서 손기정은 또 다시 세계 신기록(2시간 26분 42초)을 수립하며 우승을 거머쥐었다. 1996년 9월 10일 〈동아일보〉는 이 대회 우승 직후의 손기정 사진을 61년 만에 공개한 바 있다. 사진 속 손기정은 세계 신기록을 수립한 마라토너로서는 영 걸맞지 않은 시무룩한 모습이다. 조선이 아닌 일본 대표로 올림픽에 출전해야 한다는 슬픔이 컸을 테고, 동갑내기 마라토너 남승룡이 4위에 그친 것이 아쉽기도 했을 것이다. 활달하고 시원시원한 성품의 손기정과 과묵하고 신중한 성격의 남승룡은 조선 마라톤, 아니 일본 마라톤의 쌍벽이자 라이벌이자 더할 나위 없이 좋은 파트너였다. 그러한 남승룡이 자동차 사고 후유증으로 4위에 그쳤으니 손기정의 심사가 마냥 화창할 수는 없었으리라.

그러나 남승룡은 포기하지 않았다. 차에 치여 피를 흘리면서도 끝끝내 1위로 결승 테이프를 끊었던 근성의 사나이 아닌가. 남승룡은 뼈를 깎는 훈련을 거듭하며 1936년 5월 올림픽 대표 최종 선발전을 기다렸다. 그런데 최종 선발전을 며칠 앞두고 조선총독부 학무국에 근무하던 조선인 정상희가 손기정을 찾았다.

"손 군, 나 좀 보세."

정상희의 입술은 부르터 있었다. 표정도 심각했고 잠을 며칠 못 잔 듯 눈 밑도 시커멨다.

"아니 얼굴이 왜 그러십니까."

"말도 마. 이틀 밤을 샜다니까. 일본 올림픽 선수단 관계자들하고 얼마나 입씨름을 했는지."

"대체 무슨 일인데요."

"이놈들이 말이야. 손 군과 남승룡 군 중 한 명만 올림픽에 데려가려는 꿍꿍이를 꾸미고 있어. 그래도 자네는 세계 신기록 보유자니 어쩔 수가 없을 테고, 남승룡 군을 떨어뜨리려는 거지. 이번 선발전에서 남승룡 군이 1등을 하지 못하면 선수 선발에서 배제하겠다는 수작이야."

"아니 그게 무슨….."

"출전 선수는 세 명으로 제한되어 있잖나. 세 명 중 두 명이 조선인인 건 못 보겠다는 거다. 그리고 로스앤젤레스 올림픽 때 일본이 메달을 못 딴 이유도 조선인이 두 명이었기 때문이었다는 거야. 권태하 군하고 김은배 군 얘긴 자네도 알지?"

손기정은 남승룡에게로 달려갔다. 일본인들의 음모를 이겨낼 계획을 짜야 했다. 무조건 남승룡이 1위를 해야 했다. 마침내 선발전이 열렸을 때 손기정은 초반부터 강력하게 치고 나갔다. 손기정의 페이스를 따를 수밖에 없었던 두 일본 선수도 스퍼트를 올려 손기정의 꽁무니를 쫓았다. 작전이었다. 손기정은 초반에 내달려 일본 선수들의 진을 빼 버렸다. 더구나 남승룡은 지구력이 좋아 후반 스퍼트에 능한 쪽이었다. 손기정을 쫓아가다가 숨이 턱에 닿아 허우적거리는 일본 선수들을 제치고 남승룡은 당당히 1위를 차지했다. 이로써 베를린 올림픽 마라톤 일본 내표 세 명 중 두 명은 조선인 손기정과 남승룡으로 확정된 듯했다. 하지만 일본인들은 포기하

역사를 만든 최고의 짝

지 않았다. 올림픽 대표 명단에 손기정과 남승룡뿐 아니라 일본인 선수 두 명을 함께 올린 것이다. 어떻게든 조선인 중 한 사람을 탈락시키겠다는 의지였다. 이 상황을 도저히 용납할 수 없는 사람이 있었다. 바로 권태하였다. 일찍이 손기정에게 "다음 올림픽은 너의 무대다"라고 격려했던 권태하는 일본육상협회의 치졸한 행각을 지켜보다가 남승룡에게 장문의 편지를 보냈다. 그 핵심은 이것이었다.

"4년간이나 일본 선수단을 지도해 온 쓰다 코치를 어떻게든 제외시키지 않으면 너희 조선인 둘이 함께 올림픽에 나가기란 불가능하다."

로스앤젤레스 올림픽 일본 대표였던 쓰다, 메달을 따지 못한 책임을 조선인 선수들에게 전가했던 그 쓰다가 코치로 있는 한 얼마든지 선수 선발에 장난칠 수 있다는 사실을 일깨운 것이다. 권태하와 손기정, 남승룡은 의기투합해 쓰다 축출 작전에 들어갔다.

권태하는 〈경성일보〉를 통해 쓰다 코치가 선수 시절에 보여 준 비열함을 폭로했다. 이 기고는 일본의 〈아사히신문〉에도 실렸다. 로스앤젤레스 올림픽 삼단뛰기 종목에서 금메달을 따낸 일본 육상 영웅 오다 미키오가 〈아사히신문〉 스포츠부장으로 근무하고 있었는데, 오다는 양심적인 스포츠맨으로서 쓰다 코치의 편협함에 반대했던 것이다.

한편 손기정과 남승룡도 공개적으로 쓰다 코치 퇴진을 요구했다. 심지어 올림픽 대표 명단에 이름을 올린 두 일본인 선수도 쓰다 코치에 불만을 표하는 상황이었다.

바야흐로 일본육상협회는 진퇴양난의 처지에 몰렸다. 결국 일본육상협회는 일본 마라톤의 아버지라 할 가나구리 시조(앞서 언급한 세계 최저 기록 보유자)에게 조정을 의뢰한다. 가나구리 시조는 완고한 일본인이었다. 코치를 불신임한다는 선수들의 의견에 강한 거부감을 드러냈으나 손기정과 남승룡도 물러서지 않았다.

"육상협회는 코치가 중요합니까, 선수가 중요합니까? 우리가 받아들일 수 없는 코치를 고집한다면 손기정 선수와 저는 올림픽에 불참하겠습니다. 기자 회견이라도 하지요."

세계 신기록을 밥 먹듯 갈아치우는 손기정과 대표 선발전에서 1위를 차지한 남승룡이 합세해 대드니 가나구리 시조도 어찌 할 도리가 없었다. 일본육상협회는 올림픽 대표 네 선수를 불러 모아 코치 퇴진을 놓고 투표를 실시했다. 3대 1. 일본 선수 한 명도 불신임에 손을 들었다. 가나구리가 물었다.

"쓰다를 배제하면 금메달을 따올 수 있겠나?"

손기정과 남승룡 모두 힘차게 대답했다.

"네!"

손기정과 남승룡의 승리였다. 권태하와 김은배 등 조선인 선배들의 가슴속에 한을 심었던 비열한 일본인 쓰다는 올림픽이 열리는 베를린 땅을 밟지 못하게 됐다. 그러나 어진히 문제는 남아 있었다. 올림픽에 출전할 수 있는 선수는 세 명인데 일본 대표 팀은

네 명이었던 것이다. 탈락 후보자는 당연히 남승룡이었다.

긴장 속에 훈련을 거듭하던 어느 날 남승룡에게 뜻밖의 소식이 전해 왔다. 남승룡의 메이지대학교 동창생이자 일본 높이뛰기 선수 아사쿠마에게서 온 전보였다. 그는 마라톤 선수들보다 좀 늦게 출발한 일본 육상 선수단 본단에 속해 있었는데, 육상협회 임원들이 "현지에서 조선인 한 명을 반드시 탈락시키게 되어 있다"고 떠드는 것을 듣고 급히 전보를 부친 것이었다. 남승룡과 손기정은 또 한 번 분노했다. 아마도 각자의 고향 사투리로 노여움을 토해 냈을 것이다.

"아, 참말로 이 느자구(싹수) 없는 왜놈들이라니…."

"이놈들을 어캐 하면 좋갔소, 남 형."

마침내 최종 명단 제출 5일 전 일본 코치가 손기정과 남승룡을 부른다.

"일본의 국책이다. 너희 둘 중 한 명은 빠져 줘야겠다."

아찔한 순간이었지만 둘은 이미 합의한 바가 있었다.

"최악의 경우 출전을 포기하기로 하고 스위스로 망명까지 생각하면서 두 사람 모두 출전할 수 있는 작전에 들어갔다. 나는 손 군이 뛰기로 합의했다고 미루고 손 군은 내가 뛰기로 했다고 미루었다."(〈동아일보〉 1975년 1월 23일자)

누가 빠지겠는가 묻는 일본인 코치에게 '형님 먼저, 아우 먼저' 하면서 버틴 것이다. 능청스럽고도 처절한 저항. 결국 일본은 올림픽 역사에 다시없을 코미디를 벌인다. 올림픽 개막 3일 전 일본 마라톤 대표 '진짜' 최종 선발전을 치른 것이다. 하지만 손기정과 남승룡은 이미 철저한 대비를 마친 상태였다. 베를린 현지 훈련에서 손기정과 남승룡은 번갈아 가며 일본인 선수 스즈키의 페이스를 흔들어 놓았고, 이에 몸살이 난 스즈키를 15일간 병동에 누워 있게 만들었다. 스즈키는 퇴원 후 최종 선발전에 나섰지만 중도에서 쓰러져 버리고 말았다. 남은 것은 또 하나의 일본인 선수 시오아쿠.

손기정이 선두를 달리는 가운데 남승룡과 앞서거니 뒤서거니 하던 그는 돌연 샛길로 빠져 버렸다. 놀랍게도 시오아쿠는 결승점이 보이는 지점 골목에서 별안간 튀어나왔다. 약 500미터의 거리를 단축할 수 있는 지름길로 달린 것이다. 엄연한 반칙이었다. 분노한 남승룡은 특유의 막판 스퍼트를 감행해 시오아쿠보다 먼저 결승점에 도달했다. 그러고는 뒤이어 골인해 헉헉거리는 시오아쿠에게 다가가 그야말로 통쾌한 주먹 한 방을 날려 버린다.

"너 같은 놈도 운동 선수냐?"

시오아쿠가 두들겨 맞는 것을 본 일본인 코치 사토가 도끼눈을 뜨고 달려왔지만 권태하가 그 앞을 가로막았다.

"시오아쿠는 반칙을 했소. 지름길로 달렸단 말이오. 내가 경고도 했지만 무시하고 달렸소. 내 눈으로 똑똑히 봤소."

권태하와 사토가 옥신각신하는 사이 시오아쿠가 고개를 떨구고 중얼거렸다.

역사를 만든 최고의 짝

"내가 반칙을 했습니다. 미안합니다."

그제야 상황은 끝났다. 이 난리를 치르고서야 손기정과 남승룡은 베를린 올림픽 마라톤 출전을 확정지을 수 있었다.

다시, 함께 일군 기적

1936년 8월 9일, 베를린 올림픽 마라톤 경기가 열렸다. 독일 총통 아돌프 히틀러가 지켜보고 수만 관중이 열광하는 가운데 영국의 하퍼, 아르헨티나의 자바라 등 세계적인 선수들과 어깨를 나란히 한 손기정과 남승룡은 힘차게 달려 나갔다. 그 결과는 우리가 익히 아는 바와 같다. 온갖 역경을 딛고 베를린에 선 동갑내기 두 조선 청년은 각각 금메달과 동메달을 차지했다. 세상을 다 가진 듯한 기쁨이었겠으나 두 청년은 환호하지 않았다. 일장기가 올라가고 기미가요가 연주되는 동안 두 청년은 시상대에서 모두 머리를 숙이고 입을 다물었다. 그 순간 남승룡은 손기정이 몹시도 부러웠다고 한다. 메달 색깔 때문이 아니었다. "손 형은 히틀러가 준 화분으로 일장기를 가릴 수 있었지만 나는 그럴 수가 없었다"는 것이다.

달리기로 세계를 제패했으나 웃을 수 없었고 후손 만대의 자랑거리를 쟁취했으나 이를 뽐낼 수 없었던 두 사람. 결코 웃을 수 없었던 두 사람과는 달리 식민지 조선은 환호로 물결쳤다. "손기정 1착,

남승룡 3착"의 소식이 전해지자 압록강부터 제주도까지, 울릉도에서 두만강까지 온 조선이 뒤집혔다. 허구한 날 일본인에게 갖은 수모를 당하면서도 꼼짝할 수 없었던 조선인들이었다. 그러니 베를린에서 전해 온 소식이 어떤 의미로 여겨졌을지는 굳이 설명할 필요가 없을 것이다. 그 심경을 절절히 담은 것이 기자이자 소설가였던 심훈의 시다. 그는 손기정과 남승룡의 소식을 담은 호외 뒷면에 절규와도 같은 시 한 수를 휘갈긴다.

〈오오, 조선의 남아여!〉

그대들의 첩보捷報를 전하는 호외 뒷등에
붓을 달리는 이 손은 형용 못할 감격에 떨린다!
이역의 하늘 아래서 그대들의 심장 속에 용솟음치던 피가
2천3백만의 한 사람인 내 혈관 속을 달리기 때문이다.

'이겼다'는 소리를 들어 보지 못한 우리의 고막은
깊은 밤 전승戰勝의 방울소리에 터질 듯 찢어질 듯.
침울한 어둠속에 짓눌렸던 고토故土의 하늘도
올림픽 거화炬火를 켜든 것처럼 화다닥 밝으려 하는구나!

오늘 밤 그대들은 꿈속에서 조국의 전승을 전하고자

'마라톤' 험한 길을 달리다가 절명한 '아테네'의 병사를 만나 보리라
그보다도 더 용감하였던 선조들의 정령이 가호하였음에
두 용사 서로 껴안고 느껴느껴 울었으리라.

오오, 나는 외치고 싶다! 마이크를 쥐고
전 세계의 인류를 향해서 외치고 싶다!
'인제도 인제도 너희들은 우리를
약한 족속이라고 부를 터이냐!'

광복 이후에도 조선은, 그리고 대한민국은 마라톤 강국이었다. 정부 수립 이전이었던 1947년, 조선 마라톤 팀은 보스턴 마라톤 대회에 참가한다. 엄밀히 말하면 무국적 선수단이었다. 그들의 옷에는 태극기와 성조기가 함께 붙었다. 미 군정 치하에서 미 군정의 지원 없이는 참석이 불가능했던 슬픈 현실의 반영이었다. 그마저도 과거 일본인들이 버리고 간 헌 옷에, 리어카 바퀴 고무를 잘라 기워 만든 헌 스파이크 슈즈 차림이었다. 이 어설픈 팀의 감독은 손기정, 코치는 남승룡이었다. 남승룡은 서른여섯 살의 고령이었지만 코치 노릇에 만족할 수 없었다.

"나도 선수로 뛰겠소."

"남 선배(동갑이지만 양정고보 선후배 사이였고 둘은 서로 예우를 지켰다고 한다)가? 무리 아닐까요?"

"태극기 달린 유니폼을 입고 한번 뛰어 보고 싶기도 하거니와 서윤복이 페이스메이커도 필요하지 않겠소. 윤복이는 마라톤 풀코스라고는 겨우 두 번 뛰어 본 데다 기록도 2시간 39분대면 좋지 않은 편이고."

마라톤 선수로는 전성기가 훌쩍 지난 나이에 남승룡은 보스턴 거리를 달렸다. 주눅 들어 있던 서윤복도 자신을 채근하며 달리는 하늘같은 대선배의 달음박질에 없던 힘을 짜내 달렸다. 감독 손기정은 "1등 해서 돌아가자"고 부르짖으며 코스를 함께 달리다시피 했다. 마침내 서윤복은 2시간 25분 39초의 대회 신기록을 세우며 우승했다. 생애 세 번째 마라톤 완주였다. 남승룡 역시 끝까지 경기를 포기하지 않았다. 10위. 베를린의 영광을 일궜던 손기정과 남승룡은 11년 뒤 보스턴에서 또 한 번의 기적을 함께 이뤘다.

그 후 세월은 속절없이 흘렀다. 베를린 스타디움에 가장 먼저 들어와 마라톤 42.195킬로미터 코스의 마지막 100미터를 13초에 돌파한 손기정의 모습은 두고두고 사람들 입에 회자되었다. 그러나 상대적으로 남승룡의 이름은 사람들의 기억 속에서 희미해져 갔다. 남승룡은 1960년대 초반까지 육상계에 몸담았지만 "젊은 사람들이 해야 육상이 발전한다"며 육상계를 떠났고 이후 평생 동안 은둔에 가까운 삶을 살았다. 손기정은 일생을 두고 그를 가슴 아파했다.

"고생은 같이하고 빛은 나만 보지 않는가."

1988년 제24회 서울 올림픽 개막식 날, 성화 봉송 주자 손기정은 성화를 들고 잠실 스타디움을 껑충껑충 뛰었다. 52년 전의 한이 그 한 걸음 한 걸음에 씻기는 듯했을 터. 그날 성화 봉송 주자로 남승룡도 초대되었으나 끝내 사양했다는 소문이 돌기도 했다. 후일 남승룡이 세상을 떠났을 때 그 가족들이 "1등과 3등의 차이는 엄연한 사실이고 1등이 우대받는 것은 당연했습니다. 하지만 3등으로 인해 느꼈던 서글픔도 컸습니다"라고 토로한 것으로 미루어 남승룡의 속내가 어떠했을지를 가늠해 볼 수 있을 듯하다.

1996년, 원로 체육인들의 모임인 한국체육인동우회는 베를린 올림픽 60주년을 기념해 손기정과 남승룡, 두 영웅을 기리고자 이벤트를 기획했다. 손기정의 베를린 올림픽 금메달을 본떠 만든 순금 메달을 손기정과 남승룡 모두에게 전하기로 한 것이다.

"남승룡 옹의 올림픽 동메달은 손기정 옹의 금메달과 함께 한국 체육사에 남을 만한 업적이었는데도 그동안 평가 절하된 것 같아 이번에 두 분 원로에게 순금 메달을 드리기로 하였습니다."(〈동아일보〉 1996년 9월 8일자)

신도환 한국체육인동우회장의 말이었다. 이 행사를 맞아 가장 기뻐한 사람이 손기정이었다.

"후배들 덕분에 참으로 오랜만에 남 선배에게 진 빚을 이제야 조금이나마 갚는 기분입니다."

이후 남승룡은 다시 세상의 기억과 시선으로부터 사라졌고 2001년 2월 20일 조용히 세상을 떠났다. 차에 치어 피를 흘리면서도 달렸던 불굴의 마라토너, 서른 중반의 나이에도 까마득한 후배의 페이스메이커를 자처해 42.195킬로미터를 완주했던 스포츠맨의 전설을 남겨 두고. 그로부터 1년 후 손기정도 그 뒤를 따랐다. 90년대 중반 들어 건강이 급속도로 악화되었고 무릎 아래 혈관이 막혀 절단 수술을 제의받았지만 손기정은 완강히 거부했다.

2002년 11월 15일, 세상을 떠나기 직전 손기정은 무언가를 기다리듯 마지막 숨을 붙잡고 있었다. 아들 손정인이 "아버지, 국립묘지에 묻히시기로 결정되었습니다"라고 속삭이자 손기정의 굳은 표정이 누그러졌고 이내 영원한 안식에 들었다고 한다. 나라가 망한 직후 태어나 청년 시절까지 식민지 백성으로 지내야 했던, 그 때문에 온갖 형극을 함께 치러야 했으나 기어코 영광으로 내달렸던 위대한 두 마라토너는 앞서거니 뒤서거니 우리 곁을 떠났다.

역사를 만든 최고의 짝

보물 제904호 '고대 그리스 청동 투구'

우리나라 문화재 가운데 보물 제904호는 우리 조상이 만든 것이 아니다. 중국이나 일본 사람들의 솜씨도 아니다. 실로 머나먼 서쪽, 고대 그리스인들이 사용하던 약 2,600년 전의 청동제 투구다. 이 투구가 우리 문화재로 남게 된 이유는 손기정 덕분이다.

1900년 파리 올림픽 이래 올림픽 마라톤 우승자에게는 고대 그리스 유물을 선물로 주는 관례가 있었다. 베를린 올림픽에도 그리스는 마라톤 우승자에게 헌정할 상품을 보내 주었다. 1875년 독일의 고고학자들이 고대 그리스의 제우스 신전에서 발견했던 코린트식 투구였다. 그런데 국제올림픽위원회는 '아마추어 선수에게는 메달 이외에 어떠한 선물도 공식적으로 수여할 수 없다'는 규정을 근거로 손기정에게 이 투구를 수여하지 않았다. 손기정은 이 사실을 까맣게 몰랐고 일본도 구태여 손기정을 위해 문제를 제기하지 않았다.

40여 년 후 손기정은 자신에게 수여됐어야 할 청동 투구가 있었다는 사실을 알게 됐고, 수소문한 끝에 독일의 한 박물관에서 이를 소장하고 있음을 알아냈다. 끈질긴 협상 끝에 마침내 1986년 베를린 올림픽 50주년을 맞아 독일올림픽위원회로부터 투구를 반환받았다. 50년 만에 임자에게 돌아온 투구는 다시 국립중앙박물관에 기증됐다. "내 것이 아니라 민족 모두의 것"이라는 것이 손기정의 뜻이었다.

윤동주의 꿈을
실현시킨 친구들
윤동주 ✖ 세 벗

윤동주

尹東柱, 1917~1945년

일제 강점기의 시인. 연희전문학교를 졸업하고
일본에서 유학 중이던 1943년에 독립운동 혐의로
체포되어 일본 후쿠오카 형무소에서 숨을 거뒀다. 광복
후 유고 시집 《하늘과 바람과 별과 시》가 발간되었다.

송몽규

宋夢奎, 1917~1945년

일제 강점기의 독립운동가. 윤동주의 고종사촌 형. 문학에 뛰어난
재능을 보인 한편 무장 독립 투쟁에도 적극적이었다. 윤동주와 함께
일본 후쿠오카 형무소에서 옥사했다.

정병욱

鄭炳昱, 1922~1982년

국문학자, 수필가. 일제의 눈을 피해 윤동주의 자필 원고를
지켜냈고 광복 후 이를 정리해 윤동주의 유고 시집 《하늘과 바람과
별과 시》를 발간했다.

문익환

文益煥, 1918~1994년

목사, 사회운동가. 명동촌에서 윤동주, 송몽규와 함께 유년 시절을
보냈다. 광복 후 신학자로서의 삶을 살다가 친구이자 사회운동가인
장준하의 의문사를 계기로 민주화운동에 투신했다.

한국인이 가장 사랑하는 시. 아무리 시에 관심이 없는 사람이라도 첫 구절만큼은 읊어 낼 수 있는 시. "죽는 날까지 하늘을 우러러 한 점 부끄럼이 없기를", 윤동주의 〈서시〉다. 윤동주의 시에는 생일이 있다. 그는 시 한 편을 완성할 때마다 그 탄생 날짜를 적어 두곤 했다. 〈서시〉의 생일은 1941년 11월 20일, 윤동주는 1917년생이다. 태어나서 세 번째로 양￦의 해를 맞았던 양띠 청년, 양처럼 순했던 스물네 살의 식민지 조선 청년은 자신의 길지 않은 과거를 되돌아보며, 거기서 우러나는 부끄러움을 곱씹으며, 앞으로 펼쳐질 삶에 대한 소담한 각오를 시로 옮겼다. 일본의 진주만 기습이 있기 17일 전이었고, 윤동주는 연희전문학교 졸업을 앞두고 있었다. 원래는 이듬해 4월 졸업 예정이었으나 별안간 터진 전쟁으로 학사 일정이 앞당겨져 12월 27일에 학교를 떠나게 된다. 즉 〈서시〉는 청년 윤동주가 이때까지 살아온 삶의 작은 결산이었고 떠나야 할 현실에 대한 이별의 헌사이자 다가올 미래에 대한 다부진 인사였다. 그는 졸업을 맞아 그간 쓴 시를 묶어 한정판 시집《하늘과 바람과 별과 시》를 출판하고자 했다. 〈서시〉라는 제목에서 보여지듯 이 시는 시집의 서문 격으로 쓰인 것이기도 했다. 그러나 출판은 이뤄지지 못했다. 윤동주가 세상을 뜬 후 광복을 맞은 다음에야 〈서시〉를 비롯한 유작들은 한국인의 가슴속으로 찾아들게 된다.

송몽규, 삶과 죽음을 함께한 형제

죽는 날까지 하늘을 우러러
한 점 부끄럼이 없기를,
잎새에 이는 바람에도
나는 괴로워했다.

청년 윤동주는 감수성이 예민한 청년이었다. 21세기에 데려다 놓아도 뭇 여성의 호감을 살 만한 미남이었음에도 제대로 된 연애 한 번 해 보지 못했고, 그 시들로 미루어 보건대 분명히 누군가에게 품었을 마음을 속 시원히 털어놓지도 못했던 내성적인 청년이었다.

예민하지만 소심한 데가 있었고 속은 깊으나 그 기질을 밖으로 드러내길 꺼렸던 윤동주에게는 정반대에 가까운 단짝이 있었다. 그의 고종사촌 송몽규다. 그들의 가계를 조금 더듬어 보자.

윤동주의 증조부 윤재옥은 두만강변의 국경 도시 함경북도 종성 사람이었다. 1886년에 그는 가족들과 두만강을 넘어 북간도로 이주했다가 1900년 명동촌에 자리를 잡았다. 그곳에는 1년 전 두만강을 건너온 김약연, 문병규 등 네 가문이 어울려 살고 있었다. 김약연은 훗날 만주 지역의 대표적인 독립운동가로서 '간도의 대통령'이라고까지 불린 사람이다. 그는 명동학교를 세워 수많은 제자들을 길러낸다. 김약연의 여동생 김용과 윤재옥의 손자 윤영석이 결혼해 낳은 이가 윤동주였고, 윤영석의 누이동생 윤신영은 김약연이 세운 명동학교 국어 교사 송창희와 맺어진다. 그 사이에서 태어난 이가 송몽규였다. 우연인지 필연인지 윤동주와 송몽규는 1917년생 동갑내기로 세상의 빛을 보았다. 송몽규 9월 28일생, 윤동주 12월 30일생.

둘은 어린 시절부터 쌍둥이 형제처럼 늘 붙어 다녔다. 김형수가 쓴 《문익환 평전》에서는 명동소학교 4학년 시절의 두 사람을 두고 이렇게 표현했다.

"윤동주는 문학에 특별한 재주가 있었고, 송몽규는 연설을 잘했으며, 정치적 리더십이 두드러져 장래 희망을 일찌감치 독립군으로 정해 놓고 있었다."[1]

윤동주의 문학적 재주야 두말할 것이 없겠으나 어렸을 적, 그리고 청소년기의 송몽규는 윤동주가 열등감을 느낄 만큼 문학에도 발

만주족은 중국 대륙을 점령한 이래 압록강과 두만강 이북 접경 지역을 봉금封禁 지역으로 선포해 조선인들의 월경을 엄격히 금지했다. 19세기에 접어들면서 청나라의 봉금 정책은 점차 완화되어 조선인들의 이주가 점점 늘어났고, 1869년과 1870년에는 한반도 북부 지역에 혹심한 기근이 들자 수많은 조선인이 두만강 이북으로 새 터전을 찾아갔다.

특히 '간도'라 불리는 압록강과 두만강 이북 지역에는 조선인 공동체가 상당수 건설됐다. 벼농사는 꿈도 못 꾸던 만주 지역에 논을 만들어 쌀을 생산하기 시작한 것도 조선인들에 힘입은 바가 크다. 일제 강점기 이후 간도 지역은 독립운동의 근거지이자 실력 양성을 꿈꾸는 조선인들의 본거지였다. 그 중심에 북간도 지역 민족 교육의 본산으로 자리 잡은 명동학교가 있었다.

설립자 김약연은 1899년에 김하규, 문병규, 남종구와 각자의 일가 친척을 이끌고 함께 두만강을 건넜다. 중국인으로부터 용정 일대 땅을 사들인 이들은 마을 이름을 명동明東, 즉 '동쪽을 밝힌다'는 뜻으로 바꾸고 사방을 개척해 나갔다. 특히 김약연 이하 마을 지도자들이 최우선적으로 매진한 일은 교육 사업이었다. 1801년 김약연은 자신의 호를 따 규암재라는 서당을 만들었고 이 규암재가 서전서숙, 명동서숙을 거쳐 명동학교로 발전하게 된다.

명동학교는 1908년부터 1925년 폐쇄될 때까지 1,000여 명의 학생들을 배출하며 간도 교육의 메카로 이름을 떨쳤다. 윤동주, 송몽규, 문익환이 이 학교 동문이며 한국 영화의 선구자 나운규, 한국인 최초의 비행기 조종사 서왈보 등이 명동학교 출신이다.

무엇보다도 명동학교는 항일 운동의 온상이었다. 조선에서 일어난

3·1 운동에 고무된 간도 조선인들이 3·13 만세시위운동을 일으켰을 때 "명동촌의 지도자들과 명동학교의 브라스 밴드가 앞장을 선 가운데 용정 시내 일본 영사관으로 향하던 시위 행렬이 오층대 건물 앞에 이르렀을 때 일본 경찰의 발포로 19명이 목숨을 잃고 30여 명이 다쳤다" (〈한겨레〉 2009년 5월 13일자). 이후로도 무장 항쟁의 근거지이자 전사들의 배출지로서 명동학교의 이름은 독립운동사에 여러 번 빛났다.

규암 김약연은 명동학교 폐쇄 후 용정에 은진학교를 세워 교육 사업을 계속하다가 1942년 75세를 일기로 세상을 떠났다. 그의 유언은 사뭇 비장하다. "나의 일생이 나의 유언이다." 나의 삶이 곧 나의 뜻이라는, 그 누구도 쉽게 할 수 없는, 그러나 김약연으로서는 가능했던 말이었다.

군이었다. 그는 1935년 열아홉의 나이로 〈동아일보〉 신춘문예에 입선한다. 글깨나 쓴다는 사람이면 죄다 눈독을 들이던 〈동아일보〉 신춘문예의 벽을 십 대 학생이 넘었다는 것은 대단한 사건이었다. 특히 나름 문학적 재능을 인정받던 윤동주에게도 범상치 않은 소식이었을 것이다. 땅을 사서 배가 아플 사촌 사이는 물론 아니었으나 자신이 관심을 둔 분야에서 저만치 앞서 나가는 사촌의 존재는 윤동주에게 적잖은 파문을 던졌다. 윤동주, 송몽규와 동갑내기 친구였던 문익환 목사는 윤동주가 "대기는 만성이지"라는 말을 여러 번 했다고 증언한다. 여기서 '대기'는 곧 자신을 일컬음이고 늦게 빛을 본다는 말은 다분히 송몽규를 의식한 발언이 되겠다. 문학 소년의 귀여운 시샘이라고나 할까. 송우혜의 《윤동주 평전》에는 송몽규로부터 깊은 영향을 받는 윤동주의 모습이 드러나 있다.

"윤동주는 작품을 쓴 날짜를 일일이 명기하여 소중히 정리해 둔 점에서 가장 대표적이고 모범적인 문인이다. (…) 그가 최초로 날짜를 명시해서 보관한 작품은 1934년 12월 24일에 쓰여진 세 작품이다. (…) 송몽규의 신춘문예 당선과 그의 작품이 〈동아일보〉에 실려 온 나라 방방곡곡에 널리 알려진 것에 크게 자극된 윤동주가 자기 문학에 대한 새로운 각성과 각오를 단단히 하게 되었음을 결정적으로 드러낸다."[2]

즉 윤동주가 자신의 문학 세계를 본격적으로 열어젖힐 수 있었던 열쇠 가운데 하나가 송몽규였던 것이다. 문해文海, 즉 '문학의 바다'라는 다소 거창한 아호까지 지어 사용하던 문학 소년 송몽규가 일찍이 발산한 빛줄기는 아직 스스로의 재능에 믿음이 모자라던 문학 소년 윤동주의 감성과 문재를 흔들어 깨웠다.

송몽규는 윤동주에게 문학적 자극만 선사한 것이 아니었다. 섬세하고 부드러운 편이었던 윤동주와 달리 송몽규는 거친 세상 속으로 뛰어드는 일에 망설임이 없던 행동파였다. 신춘문예로 등단한 다음해인 1935년, 은진중학교 3학년 때 송몽규는 돌연 중국으로 들어갔다. 임시 정부가 주도하고 중국의 지원하에 설립된 낙양군관학교에 입학하기 위해서였다. 이후 일제에 의해 조선으로 압송되면서 독립군의 꿈은 접어야 했으나 송몽규의 결단이 윤동주에게 어떻게 비쳐졌을지는 충분히 짐작된다.

"성품이 아주 순했고 너무 어질었으며 그래서 잘 울었고, 누가 조금만 꾸짖으면 금방 눈에 눈물이 핑 돌았던"(윤동주를 가르친 한준명 목사의 증언) 윤동주. "열두 살 나이에도 어른들이 많이 모인 앞에 서슴없이 나가서 막 연설을 하고 돌아다녔던"(문익환 목사의 어머니 김신묵 권사의 회고) 송몽규. 소학교 시절 둘은 항상 한 책상에 어깨를 맞대고 앉았다. 석 달 간격으로 태어난 동갑내기 사촌 형제는 서로의 삶을 물들여 갔다. 순하디 순했던 윤동주는 법대를 가라는 아버지에게 맞서 끝내 문학도의 길을 쟁취한다. 그 강단이 어디에서 왔을까. "문학은 민족 사상의 기초 위에 서야 하는데 연희전문학교는 전통과 교수, 학교의 분위기가 민족적 정서를 살리기에 가장 알

맞은 배움터다"라고 자신의 모교를 자랑스러워했고, 본격적인 민족 말살 정책이 시행되던 즈음 "조선어로 쓰인 것이라면 악보조차도 다 모아 놓아라"라고 동생에게 당부하던 윤동주의 민족의식 한가운데로는 송몽규와 같은 피가 흐르고 있었다.

두 사람은 나란히 일본 유학을 떠났다가 항일 운동 혐의로 체포된다. 송몽규는 중국에서 독립운동에 투신했던 과거 때문에 항상 감시 대상이었으며 그 일거수일투족이 일제 고등계 경찰에 보고되고 있었다. 일제는 '재교토 조선인학생 민족주의그룹사건' 관련 혐의로 송몽규를 옭아맸고 송몽규와 교류하던 조선인 학생들까지 함께 잡아들였다. 조직 활동과 별 관련이 없어 보이던 윤동주도 그중의 하나였다.

일제 재판부의 판결에 따르면 윤동주는 "(일본 제국의) 조선 통치의 방침을 보고 조선 고유의 민족 문화를 절멸하고 조선 민족의 멸망을 도모하는 것이라고 여긴 결과, 이에 조선 민족을 해방하고 그 번영을 초래하기 위해서는 조선으로 하여금 제국 통치권의 지배로부터 이탈시켜 독립 국가를 건설할 수밖에 없으며, 이를 위해서는 조선 민족의 현시現時의 실력 또는 과거의 독립운동 실패의 자취를 반성하고, 당면 조선인의 실력과 민족성을 향상하여 독립운동의 소지素地를 배양하도록 일반 대중의 문화 앙양 및 민족의식의 유발誘發에 힘쓰지 않으면 안 된다고 결의"[3]했다고 한다. 나란히 징역 2년을 선고받은 윤동주와 송몽규. 같은 해, 같은 곳에서 태어났던 그들은 역시 같은 해, 같은 곳에서 생을 다한다. 윤동주는 1945년 2월에, 송몽규는 3월에 일본 후쿠오카 형무소에서 연이어 옥사한 것이다.

짧지만 강렬한 운명의 순간들을 함께한 두 젊음은 피어나기도 전에 꺾이고 말았다. 삶과 죽음 사이에서 이토록 서로를 자극하고 일깨운 형제이자 친구의 인연은 동서고금을 뒤져 봐도 흔하지 않다. "잎새에 이는 바람에도 괴로워했"던 진정한 조선의 청년들이었다.

정병욱, 윤동주의 이름 석 자를 지켜 낸 친구

별을 노래하는 마음으로
모든 죽어가는 것을 사랑해야지

윤동주는 시집을 내고자 한 소망을 이루지 못한 채 꽃다운 나이로 세상을 떠났다. 그를 대신해 '윤동주'라는 이름의 별을 노래하는 마음으로, 하마터면 잊힐 뻔한 윤동주의 시를 우리에게 전해 준 사람이 있다. 그의 이름은 정병욱이다. 두 사람은 1940년에 연희전문학교 선후배로 처음 만났다. 윤동주는 3학년, 정병욱은 신입생이었다. 다섯 살 아래였던 정병욱은 윤동주와 나이 차이를 넘어선 깊은 우정을 나누게 된다.

"그는 나를 아우처럼 귀여워해 주었고 나는 그를 형으로 따랐다. (…) 신입생인 나는 모든 생활의 대중을 동주로 말미암아 다져 갔고, 시골뜨기 때가 동주로 말미암아 차차 벗겨져 나갔었다. 책방에 가서 책을 뽑았을 때에도 그에게 물어 보고야 책을 샀고, 시골 동생들의 선물을 살 때에도 그가 골라 주는 것을 사서 보냈다."⁴

윤동주의 사람됨은 정병욱을 감복시켰다. 정병욱이 가장 감탄한 것은 윤동주가 "결코 남을 헐뜯는 말을 입 밖에 내지 않는 일"이었다. 거기다 넉넉한 마음씨까지. 두 사람이 함께 하숙했던 시절, 종종 송몽규를 비롯한 벗들이 윤동주를 찾아와 손을 벌릴 때면 윤동주는 순순히 가진 돈을 그들에게 내어 주었다. 또 윤동주는 다섯 살 아래인 정병욱에게도 '정 형'이라 부르며 예의를 지켰다. 한 지붕 아래에서 정병욱은 매일 밤 윤동주의 시 쓰는 모습을 지켜보았고 첫 독자로서의 역할을 톡톡히 했다.

"자기의 작품을 지나치게 고집하거나 집착하지도 않았다. 〈별 헤는 밤〉에서 그는 첫 원고를 끝내고 나에게 보여 주었다. 나는 그에게 넌지시 '어쩐지 끝이 좀 허한 느낌이 드네요' 하고 느낀 바를 말했었다. 그 후 현재의 시집 제1부에 해당하는 부분의 원고를 정리하여 〈서시〉까지 붙여 나에게 한 부를 주면서 '지난번 정 형이 〈별 헤는 밤〉의 끝부분이 허하다고 하셨지요. 이렇게 끝에다가 덧붙여 보았습니다' 하면서 마지막 넉 줄을 적어 넣어 주는 것이었다."⁵

하숙집 주인(소설가 김송)이 요시찰 인물로 등록되어 있던 탓에 일본 경관들이 수시로 들이닥쳐 온 집 안을 들쑤셔도 윤동주는 시를 썼고, 하숙집을 이리저리 옮겨 다니면서도 시의 구절구절을 고민했다. 그렇게 다듬은 시들을 윤동주는 한데 모았다. 졸업을 맞이해 시집 출판을 계획한 것이다. 도합 열아홉 편. 그 가운데 화룡점정처럼 쓴 시가 〈서시〉였다. 77판 한정으로 계획된 이 시집의 제목은 《하늘과 바람과 별과 시》였다. 그러나 출판은 이루어지지 않았다. 윤동주가 가장 존경했던 교수 이양하는 윤동주의 시에 스며 있던 식민지 지식인으로서의 슬픔과 자각을 일본 검열관들이 그냥 지나치지 않을 것이라며 출판을 만류했다.

"〈십자가〉니 〈슬픈 족속〉이니 〈또 다른 고향〉이니 하는 제목만으로도 절대 가만두지 않을 걸세. 자네의 시도 시지만 자네 신변에도 안 좋은 영향을 미칠 수 있으니 출판하지 말고 때를 기다리세."

또한 출판 비용도 문제였다. 윤동주는 "300원만 있으면 되는데…" 하고 안타까워했지만 그 돈을 감당할 형편이 못 되었다. 미련을 버리지 못한 윤동주는 자필로 써서 묶은 《하늘과 바람과 별과 시》 세 권을 제작했다. 한 권은 자신이 갖고 한 권은 이양하 교수에게, 나머지 한 권은 첫 독자인 정병욱에게 건넸다.

연희전문학교 졸업 후 일본 도시샤대학교에 입학했던 윤동주는 1943년 7월 일본 경관에게 체포되었다. 그로부터 석 달 뒤인 10월에 일본은 학병제를 실시해 조선 청년들을 전쟁의 구렁텅이로 끌어넣었다. 바야흐로 일제의 발악이 극단으로 치닫고 있었다. 정병욱 역시 학병에 동원되었다. 전쟁터에 나갈 일도 걱정이거니와 정병욱에게는 근심거리가 하나 더 있었다.

"이걸 어떻게 보관한다지?"

윤동주의 육필 시집이었다. 독립운동 혐의로 투옥된 사람의 육필 시집이니 일본 경관 눈에 들었다가는 시집도, 이를 가지고 있는 사람도 가만둘 리 없었다. 그럼에도 정병욱의 마음속은 '동주 형의 시를 일본 놈들에게 빼앗길 수 없다'는 의지로 가득했다. 시집 맨 앞장에는 윤동주 특유의 정갈한 필체로 쓰인 네 글자가 선명했다. '윤동주 정물', 즉 윤동주 드림. 어쩌면 정병욱은 윤동주의 〈서시〉를 읽고 또 읽으며 이렇게 중얼거렸을지도 모른다.

"하늘이 무너져 한 점 구멍이 없다 해도 이 시집은 살려야 한다."

학병으로 끌려가기 전 정병욱은 윤동주의 시집을 품에 안고 전남 광양의 고향 집을 찾았다. 슬픔에 잠긴 어머니에게 정병욱은 품 안 깊숙이 안고 온 윤동주의 육필 시집을 내밀었다.

"어머니, 제게 가장 소중한 물건입니다. 잘 간수해 주세요. 절대로 잃어버리시면 안 됩니다."

마지막 큰절을 올리면서도 정병욱은 시집 걱정을 놓지 않았다.

이후 전쟁터에서 정병욱은 포탄 파편에 부상을 입고 후송된다. 불행 중 다행이었다. 만약 부상이 아니었다면 그는 태평양의 이름 모를 섬에서 생을 끝마쳤을 것이다. 경성에 돌아온 그는 후쿠오카 형무소에 수감된 윤동주에게 몇 번이고 소식을 띄웠으나 돌아오는 기별이 없었다. 광복 후에도 윤동주는 돌아오지 않았다. 도대체 무

슨 일이 생긴 것인가 애를 태우던 정병욱 앞에 윤동주의 동생 윤일
주가 나타났다.

"형님은 돌아가셨습니다. 형님뿐 아니라 송몽규 형님도 돌아가
셨습니다."

정병욱은 눈앞이 아득해졌다. 하숙집 방에 팔베개하고 누워 나
지막이 자신의 시를 읊조리던 윤동주의 음성이 귓가를 맴도는 듯
했다. 충격에서 헤어나지 못하던 정병욱의 머릿속에 불현듯 뭔가가
떠올랐다.

"동주 형 시!"

윤일주가 수습한 형의 유품 가운데 육필 시집은 남아 있지 않다
고 했다. 아마 일본 형사들이 불쏘시개로 집어 던졌으리라. 이양하
교수가 윤동주로부터 받았던 시집도 행방이 묘연했다. 그렇다면?
정병욱이 광양 고향 집에 맡겨 둔 윤동주의 육필 시집은 이제 세상
에 존재하는 유일한 윤동주의 분신이었다. "하느님!" 어찌 정병욱
의 입에서 이 소리가 나오지 않았으랴.

정병욱은 한달음에 남쪽 끝 광양으로 향했다. 달리는 기차 안에
서 정병욱은 내내 윤동주의 얼굴과 목소리 그리고 그의 시구들을
생각했을 터이다. 물론 그 무엇보다도 윤동주의 시집이 부디 무사
히 남아 있기만을 바라는 마음이 컸으리라.

고향 집에 도착한 정병욱은 어머니에게 인사를 마치기도 전에
물었다.

"내가 신신당부한 그 시집 어디 있습니까. 간직하고 계시겠지요?"

어머니는 당연하다는 듯 고개를 크게 끄덕이면서 대답했다.

"당연하지 않겠느냐. 네가 그토록 소중한 거라고 하는데."

그런데 책은 눈에 띄지 않았다. 책의 행방을 묻는 아들에게 어머니는 강한 어조로 되물으며 대구했다.

"절대로 빼앗기면 안 되는 것이라 하지 않았느냐? 지금 네가 선마루 밑에 묻어 놓았다."

윤동주의 시가 다시 세상의 빛을 보는 순간이었다. "시와 사상, 사상과 지조, 그리고 서정 정신과 저항 정신이 한 줄기 순절에의 희생으로 일철화함으로써 하나의 영원한 비극적 아름다움을 이루어 놓았던"(연세대학교 교수 박두진의 평) 윤동주는 그렇게 세상의 빛으로 다시 태어났다. 정병욱이 아니었다면 우리가 아는 윤동주도 그리고 그의 절창 〈서시〉도 잿더미가 되어 그 운명을 끝냈을 것이다.

1948년, 마침내 윤동주의 유고 시집 《하늘과 바람과 별과 시》가 출간되었다. 연희전문학교 동기 강처중이 발문을 썼다. 그 마지막 부분은 이렇다.

"동주 감옥에서 외마디 소리로서 아조 가 버리니 그 나이 스물 아홉, 바로 해방되던 해다. 몽규도 그 며칠 뒤 따라 옥사하니 그도 재사였느니라. 그들의 유골은 지금 간도에서 길이 잠들었고 이제 그 친구들의 손을 빌어 동주의 시는 한 책이 되어 길이 세상에 전하여지려 한다. 불러도 대답 없을 동주 몽규이지만 헛되나마 다시 부르고 싶은 동주! 몽규!"

윤동주의 시와 삶을 사랑한 친구 정병욱이 있었기에 윤동주는 우리 역사에 빛나는 별로 살아 숨쉬고 있다.

문익환, 동주 없는 세상에서 십자가를 짊어진 사나이

그리고 나한테 주어진 길을
걸어가야겠다.

윤동주는 그 태양 같은 젊음이 수그러들기도 전에 생을 마쳤다. 그를 수시로 자극했고, 부끄럽게 만들었고, 저만치 앞서갔던 영혼의 단짝 송몽규와 함께 세상을 떠났다. 그의 시 또한 비슷한 운명을 맞을 뻔했지만 또 한 명의 절친한 친구 정병욱 덕에 비운의 천재 시인으로 되살아났다. 이와 더불어 윤동주에게는 일찍 떠난 그를 대신하듯 "나한테 주어진 길"을 옹골차게 걸어갔으며 "괴로웠던 사나이 / 행복한 예수 그리스도에게처럼 / 십자가가 허락된다면 / 모가지를 드리우고 / 꽃처럼 피어나는 피를 / 어두워가는 하늘 밑에/ 조용히 흘리겠습니다"(〈십자가〉)라는 시구처럼 일생 동안 시대의 십자가를 마다하지 않은 친구가 있었다. 바로 문익환이다.

문익환은 명동촌 고향 친구였다. 윤동주, 송몽규와는 어릴 적부터 죽마고우로 자랐다. 그런데 문익환은 윤동주와 송몽규의 문학적 재능을 부러워했고 윤동주는 문익환의 외모에 콤플렉스를 지녔다고 한다. 윤동주와 문익환 사이에 있었던 작은 일화는 슬며시 웃음이 나오게 한다. 명동학교에 재학 중이었던 어느 날, 윤동주는 문익환의 모자를 탐낸다.

"야, 익환아. 그 모자 나 주면 안 되겠니?"

윤동주 집안이 모자 하나 못 살만큼 가난하지도 않았는데 다짜고짜 문익환의 모자에 눈독을 들인 이유는 무엇이었을까. 아무리 싸구려 옷을 걸쳐도 잘생긴 영화배우가 입으면 빛나는 패션이 되듯 문익환의 수려한 외모가 모자를 돋보이게 만들었던 것이다. 윤동주는 자신 또한 그 모자를 쓰면 문익환처럼 근사해 보이리라 착각했던 것이 아닐까. 미남 문익환은 능청스레 답한다.

"호떡 사 주면 바꿔 주지."

문익환은 배가 터지도록 호떡을 얻어먹은 후 모자를 건넨다. 미남의 특권.

잘생긴 데다 공부까지 잘해서 윤동주와 기죽이던 문익환이지만 역시 윤동주와 송몽규의 글 쓰는 능력만큼은 요즘 말로 '넘사벽'이었다. 한번은 명동학교 문예지 편집을 맡고 있던 윤동주가 문익환에게 시 한 편을 부탁한 적이 있다. 문익환 역시 문학으로 인정받고자 하는 욕망이 큰 사람이었다. 정성껏 한 줄 한 줄 다듬어 쓴 시를 윤동주에게 내밀었을 때 윤동주는 딱 한마디로 문익환을 무참하게 만든다.

"이게 어디 시야?"

이는 문익환의 삶에 상당한 영향을 미쳤다. 문익환 본인의 고백.

"그 이후로 시는 나와 관계없는 것이 되어 버리고 말았었다. 동주가 살아 있어서 내가 하는 성서 번역을 도와주었다면(살아 있다면 기꺼이 도와주었을 것이다) 나는 영영 시를 써 보지 못하고 말았을 것이다."[6]

광복 후 문익환은 오랜 세월 신학자이자 성서 번역가로 살았다. 그는 구약 성서를 관통하는 압제와 저항, 폭군과 예언자의 역사를 통해 '민중'의 중요성을 갈파했다. 구약 성서의 예언서 〈호세아서〉, 〈이사야서〉, 〈미가서〉 등에 등장하는 탐욕스러운 기득권자들과 마주할 때면 치 떨리는 분노가 수천 년을 뛰어넘어 그의 가슴을 찌를 때가 많았다. 또한 문익환은 〈시편〉과 〈아가〉 등 구약 성서에 실린 시들을 번역해 소개할 수 있는 몇 안 되는 사람이었다. 성서를 번역하면서 그는 윤동주의 핀잔으로 꺾여 버린 시심을 다시 끄집어낸다. 윤동주가 있었으면 그에게 떠맡겼겠으나 친구는 일찌감치 먼 곳으로 가 버리지 않았던가.

그러던 중 또 한 명의 절친한 동갑내기 친구 장준하의 죽음을 맞아 문익환의 인생은 다시 새로운 계기를 맞이하게 된다. 유신 정권은 출판인이자 정치인이며 재야 민주화운동가였던 장준하를 눈엣

가시로 여겼다. 그랬던 그가 1976년 8월, 당최 가지도 않던 산에서 석연치 않은 죽음을 맞았을 때 문익환은 기나긴 잠에서 깨어난다. 얌전한 목사, 책상머리의 성서 번역자에서 벗어나 한국 사회를 향해 분노를 내지르고 새로운 세상의 빛을 뿌리는 예언자로 나선 것이다.

〈무서운 시간〉

거 나를 부르는 것이 누구요.

가랑잎 이파리 푸르러 나오는 그늘인데
나 아직 여기 호흡이 남아 있소.

한 번도 손들어 보지 못한 나를
손들어 표할 하늘도 없는 나를

어디에 내 한 몸 둘 하늘이 있어
나를 부르는 것이오.

일을 마치고 내 죽는 날 아침에는
서럽지도 않은 가랑잎에 떨어질 텐데…

나를 부르지 마오.

　나이 예순 고개턱에서 역사의 격랑 속으로 스스로 뛰어든 문익환은 수십 년 전 타국의 감옥에서 숨을 거둔 옛 친구의 시를 되뇌지 않았을까. "한 번도 손들어 보지 못한, 손들어 표할 하늘도 없는" 자신의 주먹을 부르쥐게 만든 독재 정권 앞에서 문익환은 윤동주의 마지막 순간을 떠올렸을지도 모른다. 윤동주의 최후를 지켜봤다는 일본 간수의 증언에 따르면 윤동주는 외마디 비명을 지르고 숨을 거두었다. 간수는 그 소리가 '조선 독립 만세'를 부르는 듯 느껴졌다고 했다. 말은 통하지 않으나 간절히 전해지는 무엇인가가 있었을 것이다. 수십 년 뒤 문익환은 바로 그 간절함으로 다른 외침을 내질러야 했다. 늦었지만 그렇게 해야 했다. 문익환은 자신의 호를 '늦봄'이라 지었다. 이 봄은 봄春이 아니라 봄視이었다. 즉 '늦게 눈을 뜨고 늦게 보았다'는 뜻으로 일종의 자책의 의미가 담긴 것이었다.
　문익환은 "법은 땅에 떨어지고 정의는 끝내 무너진 가운데"(〈하박국서〉) 못된 놈들에게 등쳐 먹히는 착한 사람들을 위해서 맹렬히 절규하는 시인으로 내닫는다. 늦바람이 무섭다는 말처럼 늦봄 문익환의 열정은 대단했다. 1976년 '늦게 세상을 본'(현실에 참여한) 이후 그가 죽은 1994년까지의 18년 동안 그는 11년이 넘도록 감옥에 있었다. 야곱의 돌베개 따위는 그의 고행에 비하면 일도 아니었고, 엘리야(성서 속 선지자로, 왕의 박해를 피해 메뚜기와 꿀만 먹으며 숨어 살았다)가 잡아먹은 메뚜기도 11년 동안 문익환이 입에 넣어야 했던 관식보다는 그 맛이 달았을 것이다.

1986년 5월, 죽은 윤동주보다도 젊은 학생들이 군부 독재에 연일 분신으로 항거하던 무렵, 서울대학교 강연에 나서던 문익환을 어머니 김신묵 권사가 붙잡았다.

"익환아, 꼭 이거 한마디는 해 주거라. 일제 때 독립운동하던 사람들이 단 한 사람도 그렇게 죽는 거 봤니. 네가 가서 꼭 부탁하거라. 제발 죽지 말고 싸우라고."

어머니 말씀을 가슴에 새기고 서울대학교에 들어가 강연을 시작하려던 찰나 서울대생 이동수가 온몸에 불을 붙인 채 전두환 정권 타도를 부르짖으며 죽어 갔다. 이 참극을 눈앞에서 지켜본 문익환은 스스로 체포되어 감옥으로 간다. 그러나 그는 이렇게 곱씹고 있었다.

"이동수는 살고 늙은 내가 죽어야 했습니다. 그런데 그는 갔고 나는 욕스럽게 남아 있습니다."[7]

그가 수감되고 1년여 뒤 마침내 6월 항쟁이 폭발했고 군부 독재는 6·29 선언으로 항복했다. 수많은 민주 진영 인사가 철창을 나서 자유의 몸이 되었다. 문익환도 그중 하나였다. 1987년 7월 8일, 공교롭게도 그다음 날은 1987년 6월 9일에 연세대학교 교문 앞 시위에서 최루탄을 맞고 쓰러진 이한열의 징례식 날이었다. 옥중 생활의 피로도 씻기 전에 문익환은 장례식 단상에 올랐다.

그의 연설은 대한민국 현대사에 길이 남을 명연설이자 절규였다. 문익환은 1970~80년대 군부 독재와 비인간적인 사회 체제에 맞서 싸우다가 죽어 간 사람들의 이름을 불렀다. 전태일부터 이한열까지 무려 스물여섯 명. 우리 역사의 디딤돌이 된 이름들이었다. 그 절규에 실린 이름들을 들으면서 청중은 어린아이처럼 울었다. 아마 그 순간에도 문익환은 윤동주를 생각했을 것이다. 그즈음 문익환이 남긴 시다.

〈동주야〉

동주야
너는 스물아홉에 영원이 되고
나는 어느새 일흔 고개에 올라섰구나
너는 분명 나보다 여섯 달 먼저 났지만
나한텐 아직도 새파란 젊은이다
너의 영원한 젊음 앞에서
이렇게 구질구질 늙어 가는 게 억울하지 않느냐고
그냥 오기로 억울하긴 뭐가 억울해 할 수야 있다만
네가 나와 같이 늙어 가지 않는다는 게
여간만 다행이 아니구나
너마저 늙어 간다면 이 땅의 꽃잎들

누굴 쳐다보며 젊음을 불사르겠니

김상진 박래전만이 아니다

너의 〈서시〉를 뇌까리며

민족의 제단에 몸을 바치는 젊은이들은

후쿠오카 형무소

너를 통째로 집어삼킨 어둠

네 살 속에서 흐느끼며 빠져 나간 꿈들

온몸 짓뭉개지던 노래들

화장터의 연기로 사라져 버린 줄 알았던

너의 피 묻은 가락들

이제 하나둘 젊은 시인들의 안테나에 잡히고 있다

그 앞에서 《하늘과 바람과 별과 시》가 습작기 작품이 된단들

그게 어떻단 말이냐

넌 영원한 젊음으로 우리의 핏줄 속에 살아 있으면 되는 거니까

예수보다 더 젊은 영원으로

동주야

난 결코 널 형이라 부르지 않을 것이니[8]

서울 시청 앞 이한열의 노제에는 임청닌 인파가 집결했다. 그 가
운데 서울 시청 게양대 위로 때 아닌 파랑새 한 마리가 사뿐히 내려

앉아 꽤 오랫동안 사람들을 내려다보았다. 이한열의 넋이 파랑새로 왔다며 수군댈 만큼 진기한 모습이었다.

문익환이 그 파랑새를 보았다면 그는 윤동주를 상상했을지도 모른다. 세월을 넘어 시대의 파도를 넘어 고되지만 참다운 삶, 누추하면서도 아름다운 삶을 꿈꾸며 글 한 줄에 밤을 지새우고 혼을 담아 내고자 했던 친구 윤동주의 모습을 파랑새에게서 발견하지 않았을까. "하늘을 우러러 한 점 부끄럼이 없기를" 갈구하던 친구의 생은 비록 짧았지만 "잎새에 이는 바람에도 괴로워"한 젊음들이 그 뒤를 따랐노라 고하고 싶지 않았을까. "별을 노래하는 마음으로 모든 죽어가는 것들을 사랑"해 친구의 유고를 꼭꼭 간직해 두었던 정병욱의 마음이 "나한테 주어진 길을 걸어가야겠다"는 문익환의 의지로 이어져 지금 여기에 면면히 흐르고 있노라 자랑하고 싶지 않았을까.

"오늘도 별이 바람에 스치운다". 〈서시〉의 마지막 시구다. 그리고 별 같은 이름들은 역사를 스치우고 있다.

참고문헌

1 김형수, 《문익환 평전》, 다산책방, 2018.

2 송우혜, 《윤동주 평전》, 서정시학, 2014.

3 송우혜, 〈윤동주의 생애에 대한 고찰〉, 연세대학교 윤동주기념사업회 기념 강좌, 2001.

4 정병욱, 〈잊지 못할 윤동주의 일들〉, 《나라사랑》 제23집, 1976.

5 위와 동일.

6 문익환, 〈하늘 바람 별의 詩人, 尹東柱〉, 《월간중앙》, 1976.4.

7 문익환, 〈한국의 민주회의 민족 통일을 염원하고 지지하는 전 국민과 해외 인사에게 드리는 말씀〉, 《민중의소리》 제17호, 1986.

8 문익환, 《두 손바닥은 따뜻하다》, 사계절, 2018.

노래가 된 역사,
역사가 된 노래
유호 ✕ 박시춘

유호

俞湖, 1921년~

작사가, 방송 작가. 굴곡 많았던 대한민국의
시대상을 절묘하게 반영한 가사들로 수많은
히트곡을 탄생시켰다.

박시춘

朴是春, 1913~1996년

작곡가, 기타리스트. 〈비 내리는 고모령〉, 〈이별의
부산정거장〉, 〈전우야 잘 자라〉 등 유호와 함께 광복
전후 서민의 애환을 잘 표현한 여러 대중가요를
발표했다.

1945년 8월 15일 정오, 경성중앙방송국 직원들이 사내에 집결했
다. 일본 천황 히로히토의 특별 방송을 듣기 위해서였다. 이미 태평
양 전쟁의 전황이 기울 대로 기운 상황에서 천황은 과연 무슨 말을
하려는 것일지 모두의 촉각이 곤두서 있었다. '1억 옥쇄', 군부가
입버릇처럼 말해 온 대로 일본 전 국토를 요새화해 미군과 마지막
까지 결전을 치르겠다는 선언일까. 아니면 무시무시한 원자 폭탄이
히로시마와 나가사키를 강타한 마당에 항복으로 전쟁을 끝내겠다
는 발표일까.

"기립!"

직원들이 일제히 일어섰다. 천황이라는 말만 나와도 부동자세
를 취하는 건 이미 습관이 되어 있었다. 긴장된 표정으로 곧추선 사
람들 사이로 천황의 음울한 목소리가 흘렀다. 방송 상태가 영 고르

지 않아 군데군데 끊기는 부분이 많았지만 일본인 직원들의 얼굴은 형편없이 일그러졌고 조선인 직원들의 얼굴에는 도저히 감출 수 없는 화색이 돌았다. 특히 이 대목에서는.

"짐은 제국 정부로 하여금 미·영·중·소 4개국에 그 공동 선언을 수락한다는 뜻을 통고토록 하였다."

무조건 항복이었다. 일본이 패망한 것이다. 이것이 무엇을 의미하는지 아는 사람도 있었지만 모르는 사람이 더 많았다. 함석헌이 《뜻으로 본 한국역사》에서 회고했던 그대로 "해방은 별안간, 도둑같이 왔다." 8월 15일 당일은 얼떨결에 지나갔으나 다음날 거대한 환호가 삼천리를 울렸다. 경성은 서대문형무소에서 풀려나온 독립운동가들의 만세 소리로 가득 찼고 시민들도 비로소 광복을 실감했다. 경성에 주재하던 소련 부영사의 부인 파냐 샤브쉬나는 당시 풍경을 이렇게 설명했다.

"8월 15일의 서울은 마치 쥐 죽은 듯했다. 물론 주민들은 일본의 항복을 알고 있었으나 많은 사람이 믿지 않았다. 그냥 기다렸다. 조심스러운 기쁨과 희망을 가지고. 그런데 그 바로 다음 날 모든 것이 바뀌었다. 거세고 억제할 수 없는 행복의 물결. 그 물결은 말 그대로 시내와 온 나라를 뒤덮었다."[1]

조선총독부의 일장기는 1945년 9월 9일 미군이 서울에 입성한 뒤에야 내려졌다. 햇수로 36년, 드디어 일제 강점기의 종지부를 찍은 것이다. 일장기를 대신해 올라간 깃발이 태극기가 아니라 성조기였던 것은 아쉬운 일이었지만. 미 군정 치하에서 각계각층의 한국인들은 새로운 나라, 당당한 독립국을 건설하기 위한 노력에 매진했다. 8월 15일, 일본 천황의 항복 방송 전파를 쏘았던 경성중앙방송국도 마찬가지였다. 일본인들이 떠난 방송국에서 이제는 일본어가 아닌 한국어 방송을 준비했다. 일거리가 몇 배는 늘어난 셈이었고 쓸 만한 인재를 끌어모아야 했다. 1945년 10월, 편성과장 김진섭은 꽤 재능이 있다는 젊은이를 만난다.

희망이 솟는 서울에서

"동양극장 미술부와 문예부에서 일했다고?"

"네. 간판과 포스터를 그리면서 연극을 계속 봤고 대필로 두 편 정도 썼습니다."

"이름이 유호라고? 본명은 아닌 것 같은데."

"본명은 유해준입니다. 성씨 유兪 자에 '맑다'라는 뜻이 있어서 '맑은 호수'라는 뜻으로 필명을 지어 본 겁니다."

편성과장 김진섭은 방송인이기 이전에 〈백설부〉, 〈생활인의 철학〉, 〈주부송〉 등 유려한 수필로 이름을 떨친 문인이었다. 그는 마주 앉은 깔끔한 외모의 청년, 원래는 화가로 등단했다가 연극 대본을 썼다는 이 다재다능한 청년의 재기를 금세 읽어 냈다.

"준비되는 대로 출근하도록 하게. 드라마가 필요하니 대본을 써 주게나."

'맑은 호수' 유호는 경성중앙방송국으로 직장을 옮겨 낭독 소설 〈기다리는 마음〉과 연속극 대본을 쓰면서 우리나라 방송 작가 1호로 첫발을 내딛게 된다. 이후 근 반세기 동안 수백 편의 드라마 대본을 써낸 한국 방송 역사의 살아 있는 증인(2019년 3월 현재 98세)으로 남은 유호. 그는 또 다른 영역에도 자신의 이름을 굵고 진하게 새겨 놓았다. 바로 작사가로서의 영역이다. 화가에다가 극작가, 방송 작가 이력에 이어 작사가 타이틀을 달게 된 것은 바로 경성중앙방송국 경음악단장으로 있던 박시춘 덕이었다. 기타와 트럼펫, 아코디언 등 각종 악기를 오로지 혼자 힘으로 익히고 〈애수의 소야곡〉 등 공전의 히트곡을 내놓은, '가요계의 보물'이라는 칭호가 과분하지 않았던 인물. 이 박시춘이 유호를 알아본 것이다.

마침 조선방송사업협회에서 광복이 됐으니 건전가요를 보급하자는 제안이 나왔고 이에 부응해 유호가 노랫말을 썼다. 〈목장의 노래〉, 〈하이킹의 노래〉 등이었다. 거기에 곡을 붙인 것이 박시춘이었다. 여덟 살 어린 작가의 노랫말이 박시춘의 마음에 들었던지 어느 날 그는 불쑥 유호를 찾았다. 요청인즉슨 "레코드 취입을 하겠다며 곡과 제목을 지어왔으니 거기에 맞춰 여러 곡을 한꺼번에 작사해 달라"(〈문화일보〉 2011년 1월 28일자)는 것이었다. 여러 곡을 단번에 내놓으라니 유호도 어안이 벙벙했을 테지만 박시춘은 막무가

역사를 만든 최고의 짝

내였다.

"유 형, 이게 말이오. 지금 악사들이 수입 좋은 명동 댄스홀로 몰렸는데 말이오. 이 사람들을 한곳에 모아 놓고 취입하려면 대여섯 곡을 단번에 만들어야 본전을 뽑는다 이 말이오."

"아니 아무리 그래도 그렇죠. 무슨 국수틀도 아니고 어떻게…."

"어허, 일단 따라오시라니까."

유호는 박시춘의 집으로 붙들려 가 노랫말을 짜내야 했다. 그렇게 네 곡이 후루룩 나왔다. 훗날 유호는 "아무리 대중가요라지만 지금 생각해도 며칠 밤에 네 곡을 작사한 것은 너무했다"(앞의 신문)고 회고했지만 그야말로 일필휘지로 노랫말을 써 내려간 듯싶다. 이렇게 만들어진 노래 중 하나가 〈신라의 달밤〉이었다.

"광복을 맞았으니 이제 우리 옛것을 찾아 노래해 보면 어떨까? 응? 그래서 제목을 이렇게 지어 봤소. 〈신라의 달밤〉. 노랫말 한번 써 봐요."

"신라라면 경주인데, 경주에는 수학여행 때 딱 한 번 가 본 게 전부인걸요."

"뭐 꼭 서울 가 봐야 서울 얘기 쓰나. 그러지 말고 써 봐요."

신라나 경주에 대해서는 아무 관심도, 지식도 없었던 유호는 '여행 안내서'를 펼쳤다. 책 내용을 토대로 〈신라의 달밤〉의 노랫말은 얼키설키 모양을 갖춰 갔다.

아, 신라의 밤이여

불국사의 종소리 들리어온다

지나가는 나그네야 걸음을 멈추어라

고요한 달빛 어린 금오산 기슭에서

노래를 불러 보자 신라의 밤 노래를

유호와 박시춘 콤비의 〈신라의 달밤〉을 부른 이는 독특한 창법을 지닌 가수 현인이었다. 현인은 원래 부유한 집 자제였으나 음악에 뜻을 두어 일본 최고의 음악학교라 할 우에노음악학교에 입학했다. 이후 아버지의 도움을 받지 못해 어렵사리 학교를 졸업했지만 그를 부르는 곳은 아무 데도 없었다. 성악 교수를 하겠다는 야무진 포부는 포연처럼 사라졌고 악극 단원이 되어 새 인생을 살아야 했다. 막바지에 다다른 일본의 발악적인 징용을 피해 중국 상하이로 피신, 그곳에서 가수 생활을 하기도 했다. 기구한 여정의 가수 현인은 유호와 박시춘이 만든 〈신라의 달밤〉으로 운명을 바꾸게 된다.

"1947년 고려영화협회는 해방 후 최초의 영화 〈자유만세〉를 명동 시공관에 올렸다. 현인이 소속된 악단을 초청한 것은 관객 끌기 수법이었다. 바로 여기서 불후의 〈신라의 달밤〉이 발표되었던 것이다. 민족 해방을 감동적으로 그렸던 영화가 끝나자 현인의 노래 순서가 왔다."[2]

호소력 있는 목소리와 잘생긴 외모 앞에 관중은 열광했다. 기립

박수가 터져 나왔고 "앙코르!" 외치는 사람들도 여럿이었다. 무대를 지켜보던 유호도 놀라움을 금치 못했다. 노래란 게 이런 거구나, 가수란 게 이런 거구나. 어쩌면 그 환호와 열광이 유호의 영감에 불을 붙였는지도 모르겠다. 박시춘은 유호에게 계속 노랫말을 요구했고 그때마다 유호는 막힘없이 글을 써 내려갔다. 〈비 내리는 고모령〉도 그렇게 완성됐다.

어머님의 손을 놓고 돌아설 때엔
부엉새도 울었다오 나도 울었소
가랑잎이 휘날리는 산마루턱을
넘어오던 그날 밤이 그리웁고나

일제 강점기는 이별이 많은 시기였다. 침탈에 시달리던 이들은 줄지어 만주와 일본으로 떠났고, 독립운동에 목숨을 건 이들 역시 고향을 등졌으며, 징용과 징집을 당한 청년과 정신대로 끌려간 여성들도 가족과 생이별했다. 〈비 내리는 고모령〉은 그 이별의 정한을 제대로 짚었고 수천만 한국인이 수십 년 동안 수억 번을 부르는 히트곡으로 남았다. 2005년 KBS 〈가요무대〉가 방송 20돌을 맞아 이 프로그램을 통해 가장 많이 방송된 노래를 발표했을 때 〈울고 넘는 박달재〉와 〈찔레꽃〉에 이어 전체 순위 3위를 차지했을 만큼. 그런데 이 노랫말이 나온 사연은 매우 뜻밖이다. 유호는 이렇게 회고

한다.

"박시춘 씨로부터 작사 부탁을 받고 서울중앙방송국 도서관에 갔는데 벽에 붙어 있는 커다란 지도를 보니 동대구역 옆에 급행열차도 서지 않는 고모역이 눈에 띄었지. 직감적으로 무슨 사연을 간직한 것 같아 가사를 써 내려갔고, 현인이 불러 또다시 히트했지."(《월간조선》 2003년 5월호)

고모顧母, 즉 '어머니가 돌아본다'라는 뜻의 지명이니 뭔가 사연이 있음직했고 그 영감 하나로 일필휘지 노랫말을 썼다는 것이다. 그리고 유호의 영감은 적중했다. 고모령에는 독립운동가 형제를 자식으로 둔 어머니의 사연이 서려 있었다.

남편을 일찍 여읜 한 여인이 홀로 두 아들을 키우면서 살았는데, 아들들이 똑똑할뿐더러 사람됨도 씩씩했던 모양이다. 둘 다 독립운동에 가담해 대구 형무소에 수감됐다. 두 아들을 면회 갔다 돌아오는 고갯마루가 고모령이었고, 어머니는 몇 번이고 대구 쪽을 돌아보며 울었다는 이야기다. 그냥 지나칠 수도 있는 대목에서 사연을 읽어 낸 예술가의 직감이었다. 지도에서 스치듯 본 고모역, 기차도 서지 않던 그 작은 역의 이름 하나에서 세월을 뛰어넘는 노래 〈비 내리는 고모령〉이 탄생하고 대히트를 친 이유겠다.

이후 유호와 박시춘은 승승장구했다. 박시춘은 아예 럭키레코드를 차려 사업을 시작했고, 유호 역시 〈경향신문〉 문화부장과 럭키레코드 문예부장 자리를 동시에 꿰찼다. 분단 상황이 굳어지며

한반도 정세는 불안했으나 그래도 아직은 새 나라에 대한 희망이
찰랑거렸다.

> 서울의 거리는 태양의 거리
> 태양의 거리에는 희망이 솟네
> 타이프 소리로 해가 저무는
> 빌딩가에서는 웃음이 솟네

〈럭키 서울〉을 지을 때 유호의 펜 끝과 박시춘의 기타 줄은 명랑
하게 울었을 것이고,

> 저고리 고름 말아 쥐고서
> 누구를 기다리나 낭랑 18세
> 버들잎 지는 앞개울에서
> 소쩍새 울 때만 기다립니다

〈낭랑 18세〉 노랫말에 맞춰 노래할 때에는 어지간히 서로의 얼
굴 보며 깔깔댔을 것이다. 노래를 완성한 뒤에는 후렴구를 함께 부
르며 덩실거렸을지도 모르겠다.

인민군도 함께 부른 노래

그러나 희망으로 부풀었던 시간은 길지 않았다. 1950년 6월 25일 한국 전쟁이 발발한 것이다. 수도 서울 사수를 주장하던 정부는 일찌감치 도망쳤고 한강 다리마저 끊었다. 서울은 탱크를 앞세운 북한 인민군의 손아귀에 들어가고 말았다.

유호의 집은 한강 바로 북쪽 청파동에 있었으나 피난 기회를 놓쳤다. 여섯 살 된 해방둥이 아들과 갓난아이를 끌고 피난 갈 엄두를 내지 못했기 때문이다. 청파동은 서울역 근처다. 인민군의 서슬 푸른 기세보다 더 두려운 것은 미군의 폭격이었다. 서울역을 목표로 한 미군 공군기의 폭격은 청파동 일대를 참혹하게 삼켜 버렸다. 유호의 집도 예외가 아니었다. 유호가 동네 사람들의 시신을 뛰어넘으며 집으로 돌아왔을 때 아내는 허벅지에서 피를 펑펑 흘리고 있었다.

"여보! 괜찮소?"

"나뭇가지에 찔렸어요. 폭탄이 터지고 나뭇가지가 날아와서는…."

아수라장이었다. 유호의 이웃집 사람은 폭탄에 날아갔고 어떤 이는 공포에 못 이겨 실성한 나머지 널름널름 춤을 추고 있었다. 인근에서 병원을 하던 형을 찾아갔지만 형도 내책이 없었다. 어떻게든 서울을 벗어나자는 데 뜻이 모아져 온 가족이 경기도 하남의 기계 유씨 집성촌으로 가기로 했다. 인민군의 험악한 눈초리와 무차별적으로 퍼부어지는 폭격을 피해 하남으로 향하던 유호의 눈에 강렬한 풍경 하나가 포착됐다.

서울이 함락되던 6월 28일. 이미 인민군이 한강변으로 진격하고 서울 강북에는 온통 인공기가 휘날리던 즈음, 한 국군 병사가 청파동 언덕길을 뛰어오르고 있었다. 철모도 없고 군복은 흙먼지로 그득한 패잔병. 그러나 총을 든 손은 군건했고 눈초리는 형형하게 빛났다. 인민군을 향해 총을 쏘려 했지만 총알마저 떨어진 것을 안 국군 병사는 총을 팽개치고 오늘날의 효창공원 쪽으로 사라졌다. 수많은 병사가 적의 수중에 들어간 서울 곳곳에서 쓰러져 갔다. 유호는 그 최후의 용사들 가운데 한 사람을 목격했던 것이다.

그로부터 석 달 뒤 세상은 또다시 바뀌었다. 인천 상륙 작전 후 인민군은 썰물처럼 빠져나갔고, 서울이 인민군 손에 들어갔던 날로부터 꼭 석 달 뒤인 9월 28일, 서울에는 다시 태극기가 꽂혔다. 경기도 하남에서 숨어 지내던 유호도 서울로 돌아왔다. 자신이 쓴 〈럭키 서울〉의 후렴구를 신나게 불렀을 것이다.

너도 나도 부르자 희망의 노래
다 같이 부르자 서울의 노래
SEOUL SEOUL 럭키 서울!

유호가 청파동에 이르렀을 때 기민하게 이동하는 국군 해병대의 모습이 스쳐 지나갔다. 석 달 전 남루한 복색의, 그러나 결코 굴하지 않던 국군 병사의 모습이 겹쳐 보였으리라. 간만에 자유로이 명동 거리를 거닐던 유호 앞에 웬 밀짚모자를 쓴 사나이가 불쑥 나타났다.

"유 형, 무사했구먼!"

박시춘이었다. 피난 갔다가 돌아온 그 역시 예술가들이 모여들던 명동 거리가 그리워 식구들을 집에 데려다 놓자마자 뛰쳐나온 길이었다. 전쟁 통에 살아남은 것만으로도 반가웠던 작사가와 작곡가는 연신 건배하며 술을 들이켰고 술자리는 박시춘의 집으로까지 이어졌다. 이 자리에서 유호와 박시춘 콤비는 또 하나의 즉흥곡을 만들어 낸다.

"우리는 이제 살았고…, 유엔UN군이 북진한다니 통일도 이젠 멀지 않은 것 같소. 국군도 삼팔선을 돌파해서 북으로 올라가겠지. 우리 군인들 사기를 높일 노래 하나 만듭시다."

박시춘의 제안이었다. 이미 유호의 머릿속에도 여러 풍경이 떠오르던 참이었다. 서울이 함락되던 날의 패잔병, 분노로 이글거리던 눈, 내팽개쳐진 총, 서울 수복 후 환희에 차서 서울 시내로 쏟아져 들어오던 해병대…. 유호가 노랫말 한 줄을 읊으면 박시춘은 기타 줄을 튕겨 곡을 만들었다. 못 다루는 악기가 없던 박시춘은 당대 최고의 기타리스트이기도 했다.

역사를 만든 최고의 짝

전우의 시체를 넘고 넘어 앞으로 앞으로
낙동강아 잘 있거라 우리는 전진한다
원한이야 피에 맺힌 적군을 무찌르고서
꽃잎처럼 떨어져 간 전우야 잘 자라

이후 수십 년 동안 한국 전쟁을 상징하는 노래가 된 〈전우야 잘 자라〉가 탄생하는 순간이었다. 실제로 전쟁터를 경험한 병사의 독백보다 더 생생하고, 전투 현장을 목격한 시인의 시구보다도 더 절절한 가사가 박시춘의 정교한 손놀림이 튕기는 멜로디에 부드럽게 실렸다.

하룻밤 사이에 만들어진 노래는 군인과 민간인 들이 함께 부르는 노래로 전국에 퍼져 나갔다. 심지어 지리산 등지에서 국군과 경찰을 괴롭히던 빨치산들까지도 이 노래의 가사를 바꿔 부를 정도였다.

그러나 문제가 발생했다. 〈전우야 잘 자라〉 가사 중 "화랑 담배 연기 속에 사라진 전우" 운운이 불길하다며 오히려 군의 사기를 꺾는다는 지적이 나왔고, 1·4 후퇴 즈음으로는 아예 금지곡이 되어 버린 것이다. 이뿐만 아니라 작사자와 작곡가는 무시무시하기로 이름 났던 특무대에 불려 가야 했다.

"이런 재수 없는 노래를 만들다니, 사상에 문제 있는 거 아니야?"

유호에게 이런 노랫말을 쓴 이유를 대라며 책상을 두드리던 특무대 장교는 이렇게 덧붙였다.

"당신이 그렇게 노래를 잘 짓는단 말이지? 이 노래를 하룻밤에 지었다고? 한번 테스트해 보지. 군인들을 위로할 만한 노랫말 한 번 지어 봐."

《삼국지》에서 위나라 황제 조비가 동생 조식을 죽일 구실로 삼고자 즉석에서 어려운 시를 지어 보라 했다는 이야기가 떠오르는 살벌한 상황. 그러나 《삼국지》 속 조식이 멋지게 시를 지어 위기를 모면했던 것처럼 유호 역시 자신의 천재성을 빛냈다. 즉흥적으로 적어 내린 노랫말을 내밀고 내친김에 2절을 쓰고 있는데 낌새가 이상했다. 문득 고개를 들어 바라보니 살기등등했던 특무대 장교가 노랫말을 읽다 말고 펑펑 울고 있지 않은가. 그때 내민 노랫말로 만들어진 노래가 〈전선 야곡〉이다.

가랑잎이 휘날리는 전선의 달밤
소리 없이 내리는 이슬도 차가운데
단잠을 못 이루고 돌아눕는 귓가에
장부의 길 일러주신 어머님의 목소리
아, 그 목소리 그리워

전쟁은 고착 상태였다. 1·4 후퇴 이후 국군과 유엔군은 다시 반격을 펼쳐 서울을 되찾았지만 상대방을 완전히 굴복시키지 못한 채로 지루한 소모전을 이어갔다. 수없는 젊은이가 전선에서 목숨을 잃었다. 오늘 죽을지 내일 죽을지 모르는 전선의 젊은이들이 가장 열렬히 부를 이름은 역시 어머니였고, 젊은이들이 살아 돌아오기를 누구보다 간절히 바랄 사람들도 어머니들이었다.

들려오는 총소리를 자장가 삼아
꿈길 속을 달려간 내 고향 내 집에는
정한수 떠 놓고서 이 아들의 공 비는
어머님의 흰머리가 눈부시어 울었소
아, 쓸어안고 싶었소

노래는 끝이 보이지 않는 전쟁 속 한국인들의 가슴을 헤집어 놓았다. 2011년에 개봉한 영화 〈고지전〉에서 국군은 물론 인민군까지 이 노래를 배워 합창하는 장면이 나오는데, 이는 결코 과장된 모습이 아니다. 죽음 앞에서 이념이 무슨 소용이었을까. 귀를 찢는 비명과 천둥 같은 포성인들 어머니의 음성을 지울 수 있었을까. 국군도 인민군도 목이 메었던 노래. 유호 작사, 박시춘 작곡의 〈전선 야곡〉이었다.

유호와 박시춘의 작업은 계속되었다. 제안은 주로 박시춘이 했다. "노래에 의미를 부여하는 것"이 박시춘의 스타일이었다. 유호는 그 의미를 진하게 살린 가사를 썼고 박시춘은 달콤하고도 쓰라린 멜로디를 입혀 전쟁 통의 대한민국 전역으로 날려 보냈다.

전쟁이 끝나고

1953년 휴전 협정이 맺어지면서 일단 포성은 멎었다. 제대한 군인들은 집으로 돌아가고, 피난 떠났던 사람들도 짐을 꾸려 고향으로 돌아갈 채비를 했다. 전국에서 몰려든 피난민들로 북적였던 부산은 근 1,000일 동안 누린 임시 수도의 지위를 내려놓게 됐다. 부산역 앞은 새로운 출발을 향해 움직이는 인파와 물자로 미어터졌다.

"부산을 기념할 노래 하나 만들어야지?"

이렇게 만들어진 노래가 〈이별의 부산정거장〉이다. 늦은 밤 부산항에 원조 물자를 싣고 들어온 외국 배 선원들은 세 번 놀랐다고 한다. 전쟁 중인 빈국이라고는 믿기 어려운 화려한 스카이라인에 놀라고, 다음 날 일어나 보니 그게 빌딩이 아니라 산중턱까지 빽빽이 들어찬 판잣집의 호롱불들이었음에 놀라고, 원조 물자를 얻기 위해 새카맣게 몰려든 사람들 수에 기겁했다는 것이다. 이런 곳에 피난 왔다가 경상도 아가씨와 정분이 나고, 전쟁이 끝나 다시 서울로, 고향으로 돌아가야 했던 남자가 한둘이 아니었을 터.

보슬비가 소리도 없이

이별 슬픈 부산정거장
잘 가세요, 잘 있어요
눈물의 기적이 운다

아마도 "잘 가세요"가 아니라 "잘 가이소"였겠지만.

별안간 들이닥친 피난민들에게 그리 살갑지는 않던 부산 인심
이었다. 서울말 또는 타 지역 사투리를 쓴다는 이유만으로도 눈총
과 업신여김을 받았을 그들에게 피난살이는 한 많은 것이었다. 그
래도 그들은 기적 소리 은은히 들려오던 영도 산자락 판잣집의 추
억을 잊기 어려웠을 것이다.

한 많은 피난살이 설움도 많아
그래도 잊지 못할 판잣집이여

어떤 아수라장 속에서도 사랑은 피어나고 이별을 남긴다.

경상도 사투리에 아가씨가 슬피 우네
이별의 부산정거장

유호와 박시춘이 제대로 호흡을 맞췄던 세월은 10년이 채 되지
않는다. 이후 유호는 자신의 본업이라 할 방송 작가로 돌아갔고, 박

임시 수도 부산

1950년 6월 25일에 발발한 한국 전쟁은 지극히 파괴적이었던 만큼 새로운 변화를 가져왔다. 그 변화의 중심에 부산이 있었다. 전쟁 직전 부산 인구는 약 40여만 명이었으나 전쟁이 계속되는 동안 100만 명 이상으로 증가했다. 전 국토가 함몰당하고 낙동강 전선에서 피어린 공방전을 벌이던 즈음, 부산은 유엔군과 군수 물자를 상륙시킬 수 있었던 유일한 항구였다.

전국 각지에서 몰려든 피난민들은 부산이라는 도시를 이전에 없던 풍경으로 바꿔 놓았다. 오늘날 부산의 명물로 이름 높은 감천 문화마을은 산기슭에서 중턱까지 들어찼던 피난민들의 판자촌이 그 시작이었다. 다른 도시에서는 상상하기 어려운 산복도로가 생긴 것도 전쟁 때문이다. 또 다른 명물 자갈치시장은 1980년대까지도 함경도 출신 아주머니들이 장악하고 있었다. 영화 〈국제시장〉에서 보듯 헤아릴 수 없이 많은 피난민을 품었던 도시가 부산이었다.

한국 전쟁 발발 후 정부는 대구로 수도를 옮겼다가(7월 18일) 이내 부산을 임시 수도를 정했다(8월 18일). 서울 수복 이후 환도했다가 중공군의 개입으로 1·4 후퇴에 직면하자 다시 부산을 임시 수도로 삼았으며(1951년 1월 3일) 이후 1953년 8월 15일에야 서울은 수도로서의 기능을 회복한다. 도합 1,023일간 부산은 대한민국의 임시 수도였다.

역사를 만든 최고의 짝

시춘은 다른 이들과 손발을 맞추며 가요계의 거목으로 남았다. 그러나 그들이 의기투합해 노래를 만들었던 그 10년은 우리나라 현대사에서 가장 혼란스럽고 고통스러웠던 시기, 광복의 희망이 분단으로 좌절되고 전쟁으로 허리가 꺾여 버린 격동의 시간과 정확히 일치한다.

노래란 그런 것이다. 그 시대를 살았던 사람들의 정서와 지향이 어우러지면서 명곡이 되고, 세월이 흐르는 만큼 많이 불리며 높은 음자리표처럼 굽이돌아 작은 역사가 된다. 젊은 감각과 유려한 문장력이 돋보이는 유호의 노랫말, 시대의 정서가 담긴 박시춘의 멜로디가 함께 어우러져 탄생한 노래들은 일제 강점기로부터 막 벗어난 한국인들의 마른 가슴에 깊숙이 틀어박혔다. 우리 현대사에서 유호와 박시춘, 이 두 사람의 이름은 그들의 노래와 함께 결코 잊히지 않을 것이다. 그들은 노래이자 역사를 만들었기 때문이다.

참고문헌

1 파냐 이사악꼬브나 샤브쉬나, 《1945년 남한에서》, 한울, 1996.
2 최규성, 〈추억의 LP 여행 – 현인〉, 《주간한국》, 2003.7.

교과 연계

중학교

역사 1-1

Ⅱ. 삼국의 성립과 발전
  2. 삼국의 발전과 경쟁 (1), (2)

Ⅲ. 통일 신라와 발해의 발전
  1. 신라의 삼국 통일

Ⅳ. 고려의 성립과 변천
  2. 무신 정권의 성립과 사회의 변천

Ⅴ. 조선의 성립과 발전
  1. 조선의 건국과 통치 질서의 확립

Ⅵ. 조선 후기 정치 운영의 변화
  3. 조선 후기 문화의 변화

역사 2-1

Ⅰ. 근대 국가 수립 운동과 국권 수호 운동
  4. 근대 문물의 수용과 사회 변화
  5. 일제의 침탈과 국권 수호 운동

Ⅱ. 민족 운동의 전개
  3. 민족 말살 통치와 무장 독립 투쟁

Ⅲ. 대한민국의 발전
  1. 광복과 대한민국 정부의 수립

역사를 만든 최고의 짝

고등학교

한국사

Ⅰ. 우리 역사의 형성과 고대 국가의 발전

  2. 삼국과 가야의 발전

  3. 통일 신라와 발해의 발전

Ⅱ. 고려 귀족 사회의 형성과 변천

  2. 대외 관계의 변화와 고려 후기의 정치
변동

Ⅲ. 조선 유교 사회의 성립과 변화

  1. 조선의 건국과 통치 체제의 정비

  4. 조선 후기의 정치 변동과 제도 개편

  5. 조선 후기의 경제·사회 변화 및

    문화의 새 경향

Ⅳ. 국제 질서의 변동과 근대 국가 수립 운동

  2. 문호 개방과 근대적 개혁의 추진

  4. 일제의 국권 침탈과 국권 수호 운동

Ⅴ. 일제의 강점과 민족 운동의 전개

  1. 일제의 식민 통치와 경제 수탈

  2. 3·1운동과 대한민국 임시 정부의 활동

Ⅵ. 대한민국의 발전과 현대 세계의 변화

  1. 대한민국 정부 수립과 6·25 전쟁

찾아보기

ㄱ

가별초 58~59, 61

갑신정변 92, 99

권태하 128~129, 135~136, 138

고대 그리스 청동 투구 145

김노경 75~76, 78, 80~81

김서현 16~17

김유신 12~14, 17~19, 21~28, 30

김용춘 15~16, 18

김점동(박에스더) 90, 94~103

김정희 70~71, 73~87

김춘추 12~14, 18~26, 28, 30

ㄴ

남승룡 126, 130~143

〈낭랑 18세〉 183

ㄷ

〈동주야〉 169~170

동북 9성 46~48

ㄹ

〈럭키 서울〉 183, 185

로제타 홀 95~96, 99, 102~104, 106

ㅁ

만명부인 16~17

메리 스크랜턴 92~93, 95

명동학교 151~153, 164

〈무서운 시간〉 166

문익환 148, 151~152, 154~155,
　　　163~169, 171

문희 18~19

ㅂ

박시춘 174, 178~183, 186~185, 189,
        191, 193

박유산 90, 97~103, 106

보구여관 95, 101, 103~104

〈비 내리는 고모령〉 181~182

ㅅ

〈서시〉 149~150, 158~160, 162,
        170~171

〈세한도〉 71~74, 83, 85~87

셔우드 홀 104~106

손기정 126, 130~145

송몽규 148, 151~152, 154~158, 161,
        163~164

〈신라의 달밤〉 179~180

〈십자가〉 159, 163

ㅇ

아기발도 61~62

알천 27~28

연개소문 21, 23~24

오세창 73, 87

〈오오, 조선의 남아여!〉 140~141

윌리엄 홀 97, 99, 104

유호 174, 177~189, 191, 193

윤관 32, 34, 37~50

윤동주 148~152, 154~165, 167~169, 171

윤상도 76~78, 81

을사늑약 110

을사오적 110, 112

이동수 108, 114, 116~118, 120~126

〈이별의 부산정거장〉 190

이상적 70, 74, 79~87

이성계 52, 55~59, 61~67

이완용 109~111. 113~120, 122~123

이자겸 47, 49~50

이세명 108, 111, 114~122, 124

이지란(퉁두란) 52, 56~66

임시 정부 121, 155

임오군란 92, 112

ㅈ

장준하 165~166

〈전선 야곡〉 188

〈전우야 잘 자라〉 187

정병욱 148, 157~163

ㅊ

척준경 32~34, 36~47, 49~50

ㅎ

《하늘과 바람과 별과 시》 150, 159, 162,
170

한성 정부 121

헤이그 특사 111

황산 대첩 58, 60

역사를 만든 최고의 짝

역사를 만든
최고의 짝

초판 1쇄 발행 2019년 3월 29일
초판 3쇄 발행 2020년 5월 15일

지은이 김형민
펴낸이 김한청

책임편집 박윤아 편집 이슬
디자인 이민영
마케팅 최원준, 최지애, 설채린
펴낸곳 도서출판 다른

출판등록 2004년 9월 2일 제2013-000194호
주소 서울시 마포구 동교로27길 3-12 N빌딩 2층
전화 02-3143-6478 팩스 02-3143-6479 이메일 khc15968@hanmail.net
블로그 blog.naver.com/darun_pub 페이스북 /darunpublishers

ISBN 979-11-5633-224-4 43910